Land													
Kolumbien	1139	35,1	2,2	69	8,7	2677	9	26	30	613	..	0,7	58 935	1 620
Kuba	111	11,0	0,9	75	37,5	2833	4	18	40	839	..	–	13 900	800
Mexiko	1958	93,7	2,2	71	5,4	3146	10	26	23	1577	89	12,2	368 679	4 010
Nicaragua	130	4,4	3,1	66	6,0	2293	34	35	16	241	17	–	1 395	330
Peru	1285	23,8	2,0	66	10,3	1882	11	33	17	351	..	0,5	44 110	1 890
USA	9364	263,3	1,0	76	23,8	3732	<5	4	24	7 905	565	91,2	6 737 367	25 860
Venezuela	912	21,8	2,5	72	15,5	2618	9	11	26	2331	..	3,5	59 025	2 760
Afrika														
Ägypten	1001	62,9	2,0	63	7,7	3335	49	33	21	576	21	2,6	40 950	710
Algerien	2382	27,9	2,5	67	2,6	2897	38	23	26	1 030	..	0,8	46 115	1 690
Äthiopien	1133	55,1	2,9	47	0,3	1610	65	73	..	21	1	–	6 947	130
Burkina Faso	274	10,3	2,7	47	0,3	2387	81	84	..	16	..	–	2 982	300
Côte d'Ivoire	322	14,3	3,6	51	0,6	2491	60	53	8	170	..	–	6 716	510
Ghana	239	17,5	3,1	56	0,4	2199	36	48	13	91	..	–	7 311	430
Kenia	580	28,3	2,9	56	1,4	2075	22	76	..	107	11	–	6 643	260
Libyen	1760	5,4	3,6	63	10,4	3308	36	13	31	1883	..	–	23 333	6 300
Mali	1240	10,8	2,8	46	0,5	2278	69	79	..	22	..	–	2 421	250
Moçambique	802	16,0	2,0	46	0,2	1680	60	81	9	40	..	–	1 328	80
Niger	1267	9,2	3,2	46	0,3	2257	86	86	..	37	4	–	2 040	230
Nigeria	924	111,7	2,9	50	1,5	2124	43	64	7	162	..	–	29 995	280
Ruanda	26	8,0	2,7	47	0,2	1821	40	91	3	27	..	–	1 499	210
Sambia	753	9,5	3,3	47	0,9	1931	22	68	..	140	..	–	3 206	350
Südafrika	1221	41,5	2,4	63	6,1	2695	18	13	30	2253	94	8,3	125 225	3 010
Tansania	884	29,7	3,1	52	0,3	2018	32	79	..	35	..	–	2 521	90
Zaire	2345	43,9	3,3	52	..	2060	33	64	16	48	..	–	8 123	210
Asien														
Bangladesch	144	120,4	2,0	57	1,5	2019	62	67	15	65	..	–	26 636	230
China, VR	9561	1 200,3	1,4	68	13,7	2727	19	61	18	647	..	91,5	630 202	530
Indien	3288	935,7	2,0	61	4,1	2395	48	66	19	243	3	19,3	222 262	310
Indonesien	1905	197,6	1,6	62	1,4	2752	16	50	15	393	..	3,2	167 632	880
Iran	1633	67,3	2,9	67	5,8	2121	42	18	18	1 103	..	–	29 730	850
Irak	438	20,4	3,3	67	3,2	2860	48	25	28	1 235	..	–	130 910	2 230
Israel	21	5,6	2,7	76	29,0	3050	<5	4	29	2 815	193	98,3	78 113	14 410
Japan	378	125,1	0,4	79	16,4	2903	<5	5	34	3 825	341	33,7	4 321 136	34 630
Korea, Republik	99	45,0	1,0	71	17,3	3285	<5	14	33	3 000	116	–	366 484	8 220
Kuwait	18	1,5	–0,5	75	..	2523	21	2	28	7 615	..	–	31 433	19 040
Malaysia	330	20,1	2,4	71	3,7	2888	17	21	32	1 711	123	2,0	68 674	3 520
Pakistan	796	140,5	2,8	61	3,4	2315	62	48	20	255	..	–	55 565	440
Saudi-Arabien	2150	17,9	3,6	70	15,2	2735	37	37	14	4 463	..	–	126 597	7 240
Türkei	775	61,9	2,1	66	7,4	3429	18	44	22	955	..	12,3	149 002	2 450
Vietnam	332	74,5	2,1	68	3,5	2250	6	73	13	105	..	–	13 775	190
Australien														
Australien	7713	18,1	1,5	77	22,9	3179	<5	5	24	5 173	456	8,4	320 705	17 980
Neuseeland	271	3,6	0,9	75	17,4	3369	<5	11	25	4 352	455	0,8	46 578	13 190

[1] Gemeint ist das Bruttosozialprodukt = Geldwert aller im Laufe eines Jahres erzeugten Güter und Dienste eines Landes. [2] Teilweise ältere Zahlen.
[3] 1 kg Öleinheit = Energie von 1 kg Erdöl (etwa 10000 Kalorien). Mit dieser Maßeinheit kann man verschiedene Energiearten untereinander vergleichen.
– Daten nicht verfügbar. .. Zahlen zu gering oder nichts vorhanden, z. B. keine Produktion.
Quellen: Statistisches Jahrbuch 1996 für die Bundesrepublik Deutschland. Hrsg. Statist. Bundesamt, Wiesbaden 1996 (Metzler/Poeschel-Verlag). – Statistisches Jahrbuch 1996 für das Ausland. Hrsg. Statist. Bundesamt, Wiesbaden 1996 (Metzler/Poeschel-Verlag). – Fischer Weltalmanach 1997. Frankfurt 1996 (Fischer Taschenbuch Verlag).

TERRA

Geografie 8
Ausgabe für
Schleswig-Holstein

KLETT-PERTHES
Gotha und Stuttgart

TERRA Geografie 8 für Schleswig-Holstein

Autoren:
Hans-Ulrich Bender, Prof. Dr. Jürgen Bünstorf, Ulrike Dörflinger, Prof. Dr. Gerhard Fuchs,
Helmut Geiger, Dr. Michael Geiger, Karl-Wilhelm Grünewälder, Klaus-Peter Hackenberg,
Prof. Dr. Eberhard Kroß, Helmut Obermann, Paul Palmen, Prof. Dr. Lothar Rother,
Dr. Dietrich Schulz, Heinz Weber

Beratung:
Werner Borgwardt, Bad Schwartau
Heinz Günter Buske, Lübeck
Ilona Schmidt-Maeding, Kiel

Gedruckt auf Papier aus
chlorfrei gebleichtem Zellstoff
säurefrei

1. Auflage   A 1 8 7 6 5 | 2005 2004 2003

Alle Drucke einer Auflage können im Unterricht nebeneinander benutzt werden, sie sind untereinander unverändert.
Die letzte Zahl bezeichnet das Jahr dieses Druckes.
© Justus Perthes Verlag Gotha GmbH, Gotha 1997. Alle Rechte vorbehalten.

Redaktion und Produktion: Friederike Kollmar, Grit Panckow, Walter Roth

Einband-Design: Erwin Poell, Heidelberg
Layoutkonzept: Werner Fichtner, Stuttgart
Karten: Klett-Perthes/Joachim Krüger, Ingolf Meier, Ernst Salzer, Walter Scivos; Peter Blank, Bielefeld;
Heike Carrle, München; ComCart, Leonberg; Geosoft, Hamburg; Dietlof Reiche, Hamburg
Zeichnungen: Rudolf Hungreder, Heike Kucher
Satz und Repro: Repro Maurer, Tübingen
Druck: SCHNITZER DRUCK GmbH, Korb

ISBN 3-12-297440-1

Inhalt

Weltmacht im Umbruch: GUS	**4**
Von der UdSSR zur GUS	6
Alltag in Moskau	8
Viele Völker – viele Probleme?	10
Zwischen Kältepol und Wüste	12
Von der Planwirtschaft zur Marktwirtschaft	14
Neue Wege in der Landwirtschaft	16
Schatzkammer Sibirien	18
Zentral gelenkte Industrialisierung	20
Taiga in Gefahr	22
Der Aralsee – vom Meer zur Wüste	24
TERRA Orientieren und Üben	26
Indien – ein vielfältiges Land	**28**
Begegnungen mit Indien	30
Viele Völker – viele Religionen	32
Bald eine Milliarde Menschen	34
In indischen Dörfern	36
Der Monsun	38
Kalkutta	40
Frauen in Indien	42
Warum müssen Kinder arbeiten?	44
Fortschritte auf dem Land	46
Entwicklung durch Industrie	48
Entwicklungsprojekte	50
TERRA Orientieren und Üben	54
Chinas eigener Weg	**56**
Über eine Milliarde Chinesen	58
100 Millionen Hektar Ackerland	60
Der Gelbe Fluss	62
Reformen auf dem Lande	64
Industrie in China	66
Volkswagen aus Shanghai	68
TERRA Orientieren und Üben	70

Ungleichheit auf der Erde	**72**
Genug zu essen?	74
Fünf Kilometer bis zum Brunnen	76
Bildung als Chance	78
Arme sind nicht „arbeitslos"	80
Ungleichheit – das Beispiel Peru	82
TERRA Orientieren und Üben	84
Unsere eine Welt	**86**
Unsere Vorstellungen von der Welt	88
Die Welt „schrumpft"	90
Kein Teil der Welt ist für sich allein	92
Produktionsstandort „international"	94
Das Netz der Weltprobleme	98
UNO, Rio …?	100
Weltbilder	102
Fünf Welten? Eine Welt!	104
Vielfalt der Kulturen	106
Andere Kulturen verstehen!	108
TERRA Orientieren und Üben	110
Anhang	
Klimatabellen	112
Sachverzeichnis	115
Bildnachweis	117
Kartengrundlagen	118
Quellennachweis	118

Weltmacht im Umbruch: GUS

25.10.1917: Oktoberrevolution
30.12.1922: Gründung der Sowjetunion
24.1.1924: Tod Lenins, des Gründers der Sowjetunion
1924–1953: Stalin
1985–1991: Gorbatschow, letzter Präsident der Sowjetunion
11.3.1990: Litauen erklärt als erste Republik ihre Unabhängigkeit
21.12.1991: Gründung der GUS, Ende der Sowjetunion

Dezember 1991. Die Welt hielt den Atem an: Die Union der Sozialistischen Sowjetrepubliken (UdSSR), eines der mächtigsten Reiche unseres Jahrhunderts, hatte aufgehört zu bestehen. Es reichte von der Ostsee bis zum Pazifik und vom Eismeer bis zum Schwarzen Meer. Über 75 Jahre lang hatte hier die Kommunistische Partei im Namen des Volkes unumschränkt regiert und das Riesenreich von Moskau aus zentralistisch verwaltet und umgestaltet.
An ihre Stelle ist die Gemeinschaft Unabhängiger Staaten (GUS) getreten – ein Staatenbund von zwölf der ehemals 15 sozialistischen Republiken. Sie wollen das Erbe der kommunistischen Herrschaft überwinden und sind auf der Suche nach einer demokratischen und marktwirtschaftlichen Ordnung. Der Aufbau neuer politischer und wirtschaftlicher Strukturen aber ist voller Probleme und wird Jahrzehnte dauern.
Seit 1991 weht über dem Kreml in Moskau statt der roten Fahne mit Hammer und Sichel wieder die alte weiß-blau-rote Fahne Russlands, des wichtigsten Staates der GUS.

Weltmacht im Umbruch: GUS

Moskau – Roter Platz mit Kreml und Leninmausoleum (Foto von 1990)

Von der UdSSR zur GUS

„Neuer Regierungssitz: Moskau–Kreml!" Nur diese vier Worte standen auf dem Telegramm, das die neue Sowjetregierung im März 1918 an alle wichtigen Staaten verschickte. Es ging um die Verlegung der Hauptstadt von St. Petersburg nach Moskau. Nach der erfolgreichen Oktoberrevolution im Jahre 1917 hatte die Kommunistische Partei unter Führung von Lenin endgültig die Zarenherrschaft beendet. Seitdem wurde das Riesenreich von Moskau aus zentral gelenkt – politisch und wirtschaftlich.

Eine der wichtigsten Maßnahmen der neuen Regierung war es, privates Grundeigentum abzuschaffen und die Banken und Fabriken zu verstaatlichen. Dadurch sollte die Ungleichheit zwischen den Menschen überwunden werden und jedem die Früchte seiner Arbeit gleichermaßen zukommen. Die Kommunistische Partei war sehr bemüht „die Überlegenheit des kommunistischen Systems" zu demonstrieren – nach außen hin und gegenüber der eigenen Bevölkerung. Sowjetische Sportler sammelten bei Olympischen Spielen und Weltmeisterschaften Medaillen und Rekorde. Der erste Mensch im Weltall kam aus der Sowjetunion. Sowjetische Künstler vom Moskauer Staatszirkus oder dem berühmten Bolschoi-Ballett ließen sich auf Welttourneen feiern. Die Rote Armee wurde zu einer großen Streitmacht aufgebaut und mit modernsten Waffen ausgerüstet, um „die Errungenschaften des Sozialismus" zu verteidigen.

Doch der Alltag der Menschen sah anders aus. Die Kommunistische Partei erfasste alle Bereiche nicht nur des öffentlichen, sondern auch des privaten Lebens. Sie sorgte für die Verteilung von Lebensmitteln, Fernsehern oder Autos ebenso wie für die Verteilung von Wohnungen, Studien- oder Arbeitsplätzen. Die Parteifunktionäre dagegen hatten viele Privilegien. Sie wohnten in abgeschirmten Siedlungen, konnten sich in besonderen Läden versorgen und durften ihre Kinder auf gute Schulen schicken. Die Partei kontrollierte Presse und Fernsehen, ein Geheimdienst bespitzelte die Menschen, und Willkürurteile der Gerichte verbreiteten Angst.

Sozialismus: Politische Bewegung, die Privateigentum an Produktionsmitteln abschaffen möchte, um Gleichheit, Gerechtigkeit und Solidarität unter Menschen herzustellen

Kommunismus: Weiterentwicklung des Sozialismus: die Bedürfnisse aller Menschen sollen gleichmäßig befriedigt werden.

Sowjet: Rat des Volkes, von der Kommunistischen Partei ernannt

Zentralismus: Staatliches System, bei dem sämtliche Macht von einer zentralen Stelle und deren Behörden ausgeht

Weltmacht im Umbruch: GUS

Die Nachfolgestaaten der UdSSR 1994	Fläche in Tausend km²	Einwohnerzahl in Tausend	Anteil an der Bevölkerung in Prozent	Anteil an der Industrie in Prozent	Anteil an der Argrarwirtschaft in Prozent
Russland	17 075	148 543	51,2	60,6	51,4
Ukraine	604	51 944	17,9	17,9	19,5
Usbekistan	447	20 708	7,1	2,8	4,5
Kasachstan	2 717	16 793	5,8	4,0	6,5
Weißrussland	208	10 260	3,5	4,6	5,4
Aserbaidschan	87	7 137	2,4	1,5	1,6
Georgien	72	5 464	1,9	1,4	1,4
Tadschikistan	143	5 358	1,9	0,6	0,9
Kirgistan	199	4 422	1,5	0,7	1,2
Moldau	34	4 367	1,5	1,2	1,9
Turkmenistan	488	3 714	1,3	0,6	1,1
Armenien	30	3 376	1,2	0,8	0,8
GUS-Staaten (gesamt)	22 104	282 086	97,2	96,7	96,2
Litauen	63	3 728	1,3	1,4	1,6
Lettland	64	2 681	0,9	1,2	1,4
Estland	45	1 582	0,6	0,7	0,8
Insgesamt	22 276	290 077	100,0	100,0	100,0

2

Immer mehr Menschen machten sich Gedanken über die Widersprüche zwischen der Lehre der Partei und ihren eigenen Lebensbedingungen. Sie begannen an der Überlegenheit des Kommunismus zu zweifeln. Der letzte Präsident versuchte noch Reformen durchzuführen, um die führende Rolle der Kommunistischen Partei zu retten, aber es war zu spät. Die Moskauer **Zentralgewalt** zerfiel. Die 15 Republiken erklärten ihren Austritt aus der UdSSR. Zwölf davon schlossen sich in der GUS, der Gemeinschaft Unabhängiger Staaten, zusammen. Drei Republiken – Estland, Lettland und Litauen – gingen ihren eigenen Weg.

Für alle Nachfolgestaaten ist der Neuanfang schwer. Die Streitkräfte mussten ebenso aufgeteilt werden wie die alten Staatsschulden. Neue Grenzen und Währungen behindern die Entwicklung der Wirtschaft. Überall breitet sich Kriminalität aus, weil die Autorität der Staaten noch nicht gefestigt ist. Noch sind die Staaten der GUS politisch keineswegs stabil. Noch können Unruhen ihren Bestand gefährden. Ein Zurück zum Kommunismus gibt es aber sicher nicht.

1 Beschreibe die Fotos (1) und (3). Was wollen sie aussagen?

2 Arbeite mit der Tabelle (2).
a) Suche die Nachfolgestaaten der UdSSR im Atlas und nenne ihre Hauptstädte.
b) Wo liegen die drei Staaten, die der GUS nicht beigetreten sind?
c) Vergleiche die Prozentsätze der Bevölkerung mit denen für Industrie und Landwirtschaft. In welchen Nachfolgestaaten ist die Versorgungssituation günstiger, wo ist sie ungünstiger?

3 Erkläre, warum der Kommunismus in der UdSSR gescheitert ist.

Demontage des Lenin-Denkmals in Riga

3

Käuferschlange in einem Moskauer Lebensmittelgeschäft

Alltag in Moskau

Fjodor ist 74 Jahre alt. Als Rentner kommt er mit den neuen Verhältnissen besonders schwer zurecht. 74 Jahre lang hatte die Kommunistische Partei sein Leben geregelt. Er hatte billig Wohnraum, kostenlos medizinische Betreuung, unentgeltlich eine Ausbildung und einen festen Arbeitsplatz erhalten – genug, um seine Grundbedürfnisse zu befriedigen. Zu Wohlstand war er nicht gekommen, aber wenigstens herrschten Gesetz und Ordnung – abgesehen davon, dass diejenigen, die sich für Menschenrechte und Demokratie einsetzten, mit langer, harter Haft büßen mussten. Heute beklagt sich Fjodor wie viele andere Rentner darüber, dass der Staat ihn im Stich lässt. Er hat Angst vor der Zukunft. Seit Monaten hat er sich kein Fleisch mehr leisten können.

Auch die 45-jährige Vera ist nicht zufrieden. Geduldig wartet sie in einer Käuferschlange vor einem Lebensmittelgeschäft auf Einlass. „Sehen Sie", beklagt sie sich, „wir Frauen sind die Leidtragenden. Alle Arbeit bleibt an uns hängen. Es wird immer schwieriger, unsere Familien zu versorgen. Babynahrung, Fleisch, Milch und Obst gibt es fast nicht mehr. Jetzt muss ich sogar für Brot anstehen. Das war früher nicht so. Während die Preise steigen, bleiben die Löhne niedrig. Es gibt ja jetzt mehr private Geschäfte, aber die Preise dort kann ich nicht bezahlen."

Ganz anders sieht die 28-jährige Sonja die Situation. Nach ihrem Studium arbeitete sie in einem Ministerium. Sie hatte nicht viel zu tun und langweilte sich oft. Wie in anderen Behörden und Betrieben lohnte es sich nicht, sich anzustrengen. Für mehr Leistung gab es keinen Rubel extra. Heute arbeitet Sonja bei einer ausländischen Firma. Sie verdient genug, um sich nach der neuesten Mode aus dem Westen kleiden zu können. Außerdem kann sie noch ihre Eltern unterstützen, denen es als Rentner nicht so gut geht. Einige ihrer Freunde haben sich bereits selbstständig gemacht und ein Auto gekauft.

Alltag in Moskau bedeutet für viele der fast neun Millionen Einwohner nicht nur Angst um die Versorgung und das Einkommen, auch die Wohnsituation ist ein großes Problem. So wohnt Vera mit ihrem Mann und ihrer vierzehnjährigen Tochter in einer kleinen Drei-Zimmer-Wohnung einer Vorstadtsiedlung mit eintönigen Wohnblocks. Im Kinderzim-

Weltmacht im Umbruch: GUS

mer schläft noch die Großmutter, die von der Familie mitversorgt wird. Küche und Bad müssen sie sich mit einer anderen Familie teilen. Das führt zu vielen kleinen Streitigkeiten. Im Normalfall stehen einer vierköpfigen Familie 20–25 m² Wohnraum zur Verfügung. Manche Eheleute sind gezwungen auch nach der Scheidung zusammenzubleiben, da es keine freien Wohnungen gibt. Schnelle Änderungen sind im Leben der Moskauer nicht zu erwarten. Nach über 75 Jahren Kommunismus beginnen sich die Menschen erst zaghaft auf die neue Freiheit einzustellen und von ihren eigenen Kräften Gebrauch zu machen. Vor allem junge Leute versuchen ihre Chancen zu nutzen. Überall auf den Straßen von Moskau sieht man sie, wie sie Waren aus dem Westen verkaufen. Viele verdienen an einem Tag mehr als ihre Eltern in einem Monat. Das schafft Neid in der Bevölkerung.

Manche sehnen sich nach dem alten System zurück, das – abgesehen von Parteimitgliedern – allen weitgehend gleiche Lebensbedingungen garantiert hatte. Doch die meisten hoffen, dass durch wirtschaftliche Reformen neben mehr Freiheit auch mehr Wohlstand kommen wird. Das gilt nicht nur in Moskau, sondern überall in der GUS.

Porträtmaler in der Moskauer Fußgängerzone, dem Arbat

1 Was hat sich im Leben von Fjodor seit 1991 verändert? Berichte.
2 Worüber beklagt sich Vera in ihrem Bericht am meisten?
3 Beschreibe Foto (1) und (2).
4 Vergleiche die Wohnsituation von Veras Familie mit deiner eigenen. Nimm Foto (3) und (4) zu Hilfe.
5 Was kann passieren, wenn sich die wirtschaftliche Situation der Menschen in der GUS nicht bald verbessert?

Weltmacht im Umbruch: GUS

Viele Völker – viele Probleme?

Jahrzehntelang lebten sie scheinbar friedlich zusammen, die vielen Völker der ehemaligen Sowjetunion. Die Russen stellten die größte und einflussreichste Gruppe. Sie sind Slawen wie die Ukrainer und Weißrussen. In vielen Sowjetrepubliken bildeten sie jedoch Minderheiten, zum Beispiel in Mittelasien. Hier leben Turkvölker, die im Gegensatz zu den christlichen Slawen zum Islam gehören.

Die größte Vielfalt herrscht in Kaukasien, dem Gebiet beiderseits des Kaukasus. Dort leben auf engstem Raum mehr als 30 verschiedene Völker, die sich nach ihrer Herkunft, Religion und Geschichte stark voneinander unterscheiden. Politisch gehört das Gebiet zu vier Republiken: Georgien, Armenien und Aserbaidschan im Süden sowie Russland im Norden des Kaukasus. Nach dem Zusammenbruch der Zentralgewalt entstanden immer radikalere Forderungen nach Selbstbestimmung, die sogar zu bewaffneten Konflikten führten.

Der wohl bekannteste Streit ist der um Nagorny-Karabach. Hier wohnen christliche Armenier, die noch zum islamischen Aserbaidschan gehören. Sie wollen mit Armenien vereint werden. Andererseits fühlen sich die Aserbaidschaner in Nachitschewan von den Armeniern verfolgt. In dem mit Waffen ausgetragenen Konflikt haben schon Tausende ihr Leben verloren. Dabei sind beide Staaten Mitglieder der GUS! Einen anderen Streit gibt es mit den Osseten. Sie leben bisher in Georgien und Russland. Nun wollen sich die Südosseten mit den Nordosseten vereinen und zu Russland kommen. Dagegen sind die Georgier. Durch diesen Streit lebt die alte Feindschaft zwischen Georgiern und Russen wieder auf.

Die Tschetschenen und die Inguschen wollen von Russland unabhängig werden und eine eigene Republik bilden ebenso wie die Einwohner von Kabardino-Balkarien. Ob diese Staaten lebensfähig sind, ist ungewiss. Ein Erfolg ihres Unabhängigkeitskampfes könnte sogar zum Zerfall von Russland selbst führen. In Russland leben nämlich über 20 verschiedene Völker und Volksgruppen und Dutzende von Sprachgemeinschaften und Religionen.

Mit der Unabhängigkeit der ehemaligen Sowjetrepubliken wurden 25 Millionen Russen, die dort leben, zu Ausländern. Natürlich ist Russland bestrebt, deren Rechte zu schützen. Dadurch können neue Konflikte entstehen. Sie drohen besonders mit den drei baltischen Staaten, die nicht der GUS beigetreten sind. Die ungelösten **Nationalitätenkonflikte** lassen das Schicksal Russlands und der GUS ungewiss erscheinen. Während sich die Völker im Westen Europas darum bemühen, eine wirtschaftliche und politische Einheit zu erreichen, streben sie im Osten Europas auseinander.

Es gibt auf der Welt viele Beispiele für das friedliche Zusammenleben von Völkern. Warum sollte das nicht auch in der GUS möglich sein?

Weltmacht im Umbruch: GUS

Nationalitäten im Kaukasus-Gebiet
- Russen
- Ukrainer
- Kalmüken
- Aserbaidschaner (Aseri)
- Armenier
- Georgier
- Osseten
- Tschetschenen
- Inguschen
- Dagestanische Gruppen z.B. Awaren, Dargíner
- Abchasen
- Adscharen
- Sonstige
- nicht besiedelt
- Grenzen der Staaten
- Grenzen der Autonomen Republiken und Autonomen Gebiete

1 Beschreibe Foto (1).
2 Das Gebiet am Kaukasus wird auch als „kaukasisches Pulverfass" bezeichnet. Erläutere den Begriff mit Hilfe von Karte (2).
3 Arbeite mit der Abbildung (3).
a) In welchen fünf GUS-Staaten sind die Russen am stärksten vertreten? Fertige eine Tabelle an.
b) In welcher baltischen Republik sind die Russen am stärksten vertreten?
4 Atlasarbeit:
a) Nenne drei Völker, die auf dem Gebiet Russlands leben.
b) In welchen Landesteilen sind Menschen deutscher Abstammung (Russlanddeutsche) stärker vertreten?
5 Als es die Sowjetunion noch gab, wurde wenig über Nationalitätenkonflikte berichtet. Was können die Ursachen dafür gewesen sein?
6 Sammle Zeitungsberichte über die verschiedenen Nationalitäten in der GUS.

Weltmacht im Umbruch: GUS

1 In der Nähe von Dudinka im Norden Westsibiriens

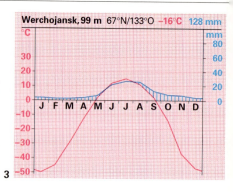

3

Zwischen Kältepol und Wüste

Während in Moskau der Frühling einzieht und die Bäume zu grünen anfangen, ist in Taschkent die Obstblüte längst vorbei und die Aussaat des Sommerweizens beendet. Während in Jakutien der Schnee noch meterhoch liegt und bei –40 °C tiefster Winter herrscht, hat an der Schwarzmeerküste die Badesaison längst begonnen, die Mispeln stehen in voller Blüte. Gleichzeitig ist am Aralsee das Thermometer auf über 30 °C geklettert, sodass ohne Bewässerung die Pflanzen schon verdorren würden. So unterschiedlich kann das Klima in den verschiedensten Teilen der GUS sein. Die Staatengemeinschaft erstreckt sich über mehrere Klimazonen: von der Kalten Zone bis in die Subtropen und vom Mittelmeerklima bis zum Steppenklima.

Besonders extrem ist das Klima in Sibirien. Der Ort Werchojansk, 200 km nördlich des Polarkreises, gilt als **Kältepol** der Erde. Hier wurden im Mittel eines Tages einmal 67,8 °C unter Null gemessen. Selbst am Südpol ist es nicht kälter. Die extremen Klimabedingungen erschweren die Erschließung des Raumes. Von jeder Arbeitsstunde dienen 15 Minuten dem Aufwärmen. Maschinen und Fahrzeuge sind in kurzer Zeit verschlissen. Über weite Teile ist der Boden tiefgründig gefroren. Es ist ein **Dauerfrostboden**, der nur in den kurzen Sommern oberflächlich auftaut und dann weite Sümpfe bildet, aus denen Mückenschwärme über Mensch und Tier herfallen.

Große Klimaunterschiede bestehen auch zwischen dem Westen und dem Osten der Staatengemeinschaft. Nach Osten zu nimmt der Einfluss feuchter Luftmassen vom Atlantik ab. Die Temperaturgegensätze zwischen Sommer und Winter nehmen bei gleicher Breitenlage zu. Zwischen Januar und August kann die Temperatur bis zu 60 °C schwanken. So etwas kennzeichnet ein **Kontinentalklima**.

In den Staaten der GUS sind die Nutzungsmöglichkeiten für die Landwirt-

Großlandschaften in der ehemaligen Sowjetunion

① Osteuropäisches Tiefland
② Uralgebirge
③ Westsibirisches Tiefland
④ Mittelsibirisches Bergland
⑤ Ostsibirische Gebirge
⑥ Kaukasusgebirge
⑦ Tiefland von Turan
⑧ Hochgebirge im Süden
.... Grenze Europa – Asien

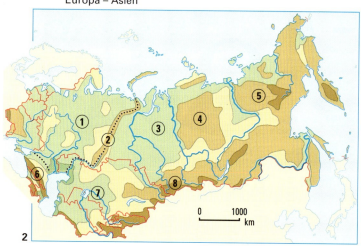

2

Weltmacht im Umbruch: GUS

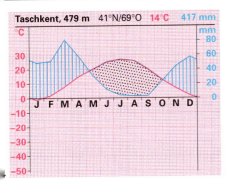

In der Nähe von Buchara, Usbekistan

schaft stark eingeschränkt. Im Norden und Osten behindert die Kälte den Anbau. Mindestens 100 frostfreie Tage sind notwendig, damit auch noch Weizen angebaut werden kann. Im Süden ist es die Trockenheit, die die Nutzung einschränkt, es sei denn, Wasser steht zur künstlichen Bewässerung zur Verfügung. Für die Landwirtschaft sind nur die Bedingungen in den Wald- und Steppenklimaten der Gemäßigten Zone günstig. Sie bilden ein lang gestrecktes Anbaudreieck, das von Westen nach Osten zu immer schmaler wird. Hier ist fruchtbarer **Schwarzerdeboden** weit verbreitet, der reiche Erträge zulässt.

1 Erkläre den Temperaturverlauf in den Diagrammen (3) und (4).

2 a) Zeichne Klimadiagramme für Moskau und Irkutsk nach der Klimatabelle im Anhang.
b) Beide Städte liegen etwa auf dem gleichen Breitenkreis. Erläutere an beiden Diagrammen das kontinentale Klima.

3 Beurteile die ackerbaulichen Nutzungsmöglichkeiten in den Großlandschaften (Karte 2) mit Hilfe der Karte (5).

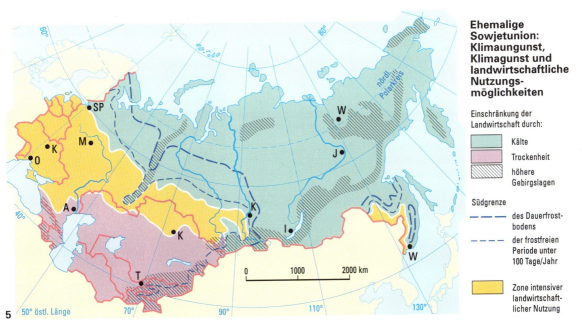

Ehemalige Sowjetunion: Klimaungunst, Klimagunst und landwirtschaftliche Nutzungsmöglichkeiten

Weltmacht im Umbruch: GUS

1 Zeichnung: Wjatscheslaw Sysojew

Von der Planwirtschaft zur Marktwirtschaft

Die Idee von der Gleichheit aller Menschen sollte im Kommunismus vor allem wirtschaftlich umgesetzt werden. Nicht mehr der Einzelne sollte über Eigentum an den Produktionsmitteln wie dem Boden, den Maschinen oder den Fabriken verfügen, sondern nur noch die Gemeinschaft, das Volk insgesamt. Müsste es nicht möglich sein, so dachten sich die Kommunisten, erfolgreicher zu wirtschaften, wenn man die Bedürfnisse der Menschen und die Produktion von Landwirtschaft und Industrie gut plant und aufeinander abstimmt?

Diese Überlegung stand am Anfang der **Planwirtschaft.** In Moskau wurden für alle Wirtschaftsbereiche Ministerien aufgebaut, die die Produktion des ganzen Landes zentral verwalteten. Deshalb spricht man auch von einer **Zentralverwaltungswirtschaft.** Im Gegensatz zur Marktwirtschaft bestimmte der Staat, was zu welchem Preis und in welcher Menge und Qualität produziert werden sollte. Die Planungsbehörden erstellten dafür **Fünfjahrespläne**, in denen die Produktionsschwerpunkte angegeben waren.

Im ersten Fünfjahresplan von 1928 war die Entwicklung der UdSSR vom Agrarland zum Industrieland das wichtigste Ziel. Die Planer sahen vor, die Landwirtschaft weniger zu fördern als die Industrie. Ihr Interesse galt vor allem dem Aufbau von Schwerindustrie und Maschinenbau. Beide Industriezweige dienten eher der Rüstung als der Versorgung der Bevölkerung.

Ein großes Problem war auch die Festlegung der Planung auf fünf Jahre. Die Produktion konnte deshalb bei auftretenden Mängeln nicht so schnell umgestellt werden. Und da die Planung immer umfangreicher und immer weiter auf Unterabteilungen in den Ministerien

3 **Anfänge der Marktwirtschaft**

Planwirtschaft	Entscheidung	Marktwirtschaft
zentral vom Staat	←Entscheidung→	in jedem Betrieb
Staatseigentum, genossenschaftliches und privates Eigentum	← Eigentumsformen →	Privateigentum
Erfüllung eines Plansolls	← Produktionsziel →	Erwirtschaftung von Gewinnen
Festsetzung durch den Staat	← Preise →	Preisbildung durch Angebot und Nachfrage auf dem Markt
Festsetzung durch den Staat	← Löhne →	Festsetzung durch Tarifverhandlungen zwischen Arbeitgeber und Arbeitnehmer

2

3

Weltmacht im Umbruch: GUS

4 Im Moskauer Kaufhaus GUM

Moskauer Staatskarossenbauer SIL in Privathänden

Moskau (dpa) – Der für seine Staatskarossen bekannte Autohersteller SIL ist jetzt als erste Aktiengesellschaft landesweit zum Kauf angeboten worden. SIL zählt zu den größten Unternehmen Russlands. Das Staatskomitee für Vermögen plant, in den kommenden zwei Monaten rund 720 größere Staatsbetriebe teilweise in private Hand übergehen zu lassen. Das 1916 gegründete Automobilwerk stellte neben den weltbekannten schwarzen Limousinen für die Staatsführung im Jahr 1992 19 000 Motoren, 148 000 Lkw sowie 130 000 Kühlschränke her. Der Konzern hat mit seinen 16 Tochtergesellschaften rund 103 000 Mitarbeiter und 17 000 Pensionäre.

5

aufgeteilt wurde, häufen sich die Planungsmängel. Außerdem war der Planungsapparat zu schwerfällig, wenn es um die Entwicklung neuer Produkte ging, weil der Bedarf dafür schlecht vorhergesehen wurde. Die Planwirtschaft konnte die individuellen Bedürfnisse der Menschen nicht befriedigen.

Wie soll es weitergehen? Die meisten Menschen der ehemaligen UdSSR haben weder Erfahrung mit der **Marktwirtschaft** noch verfügen sie über die wichtigste Voraussetzung dazu: das Eigentum an Produktionsmitteln. Nur zögernd sind die Funktionäre im Planungsapparat bereit ihren Einfluss aufzugeben, nur zögernd sind die Bürgerinnen und Bürger bereit sich an den häufig unwirtschaftlichen Betrieben zu beteiligen. Hinzu kommen andere Probleme. Durch den Zerfall der UdSSR behindern neue Grenzen und Währungen den Handel. Noch produzieren viele Betriebe nach alten Planvorgaben, selbst wenn ihre Produkte schlecht zu verkaufen sind. Um trotzdem die Löhne zahlen zu können, lässt der Staat Geld drucken. Da es immer weniger wert ist, kommt es zur Inflation.

So ist die Umstellung von der Plan- auf die Marktwirtschaft mit großen Problemen verbunden. Sie wird vermutlich Jahre in Anspruch nehmen – Jahre, in denen die Versorgung der Bevölkerung schwierig bleiben wird. Viele Menschen hatten sich vom Ende des Kommunismus anderes erwartet als die Gefahr einer Hungersnot. Sie wollen auswandern. Dazu gehören vor allem die Russlanddeutschen, deren Vorfahren einst unter den Zaren ins Land gekommen sind. Ohne ausländische Hilfe wird die rasche Einführung der Marktwirtschaft nicht möglich sein. Aber ohne den Willen der Menschen in Russland und den anderen Staaten der GUS zu einer grundsätzlichen Reform von Staat und Wirtschaft wird sie nicht gelingen.

1 Die Karikatur (1) entstand noch in sowjetischer Zeit. Was wollte der Zeichner sagen?
2 Beschreibe die Anfänge der Marktwirtschaft in den Fotos (3) und (4).
3 Was wird aus den ehemaligen Staatsbetrieben (Text 5)?
4 Erläutere die Probleme beim Übergang von der Planwirtschaft zur Marktwirtschaft mit Hilfe der Tabelle (2).

Weltmacht im Umbruch: GUS

Neue Wege in der Landwirtschaft

„Das Eigentum an Grund und Boden wird unverzüglich ohne jegliche Entschädigung aufgehoben." Mit diesem Gesetz, das nach der Oktoberrevolution von 1917 erlassen wurde, wurde eine grundlegende Umgestaltung der Landwirtschaft eingeleitet. In ihrem Verlauf entstanden landwirtschaftliche **Produktionsgenossenschaften** und landwirtschaftliche Staatsgüter: Kolchosen und Sowchosen.

Rossiya – so heißt ein ehemaliger **Kolchos** in Südrussland. Rossiya entstand in den Zwanzigerjahren, als 1800 Bauernfamilien gezwungen wurden ihren gesamten Besitz bis auf das Wohnhaus aufzugeben und sich zu einer Genossenschaft zusammenzuschließen. Maschinen, Wirtschaftsgebäude und das Vieh gehörten seitdem allen Mitgliedern des Kolchos gemeinsam. Der Boden aber war Volkseigentum und wurde der Genossenschaft vom Staat zu „ewiger Nutzung" kostenlos überlassen.

Jeder „Kolchosnik" arbeitete in einer Brigade. Das sind Arbeitsgruppen, die für die Erledigung der verschiedenen Landarbeiten zusammengestellt wurden. Dafür erhielt er seinen Anteil an dem Gewinn, den der Kolchos erwirtschaftete. Wer Mitglied eines Kolchos war, konnte nicht einfach kündigen und sich einen anderen Arbeitsplatz suchen. Man musste erst aus der Genossenschaft austreten.

Der Kolchos Rossiya verwaltete sich selbst – darin unterschied er sich zum Beispiel von einem Staatsbetrieb. In der Vollversammlung wählten die Kolchosmitglieder ihre Betriebsleitung. Doch diese wurde durch die Kommunistische Partei kontrolliert und war an den staatlichen Plan gebunden. Die Ernte wurde zu einem festgelegten Prozentsatz und zu einem vorher festgelegten Preis an den Staat abgeliefert. Der Staat wiederum versorgte den Kolchos mit Landmaschinen und Düngemitteln.

Im Gegensatz dazu standen die **Sowchosen**. Deren Arbeiter hatten es von Anfang an besser, denn ihnen zahlte der Staat einen festen Lohn. Bei den Sowchosen gehörten alle Produktionsmittel (Maschinen, Wirtschaftsgebäude, Vieh) dem Staat. Er war der Unternehmer; die Mitglieder waren Lohnarbeiter, angestellt wie in einer Fabrik.

Kolchosen und Sowchosen waren nicht in der Lage die Versorgung der Bevölkerung zu sichern. Die Staatsführung sah sich schließlich gezwungen jedem Kolchosbauern und jedem Sowchosarbeiter ein kleines Stück Land zu geben, das er in seiner Freizeit selbst bebauen konnte.

So entstand eine private Nebenerwerbslandwirtschaft mit Nutzflächen bis zu einem halben Hektar. Hier wurden vor

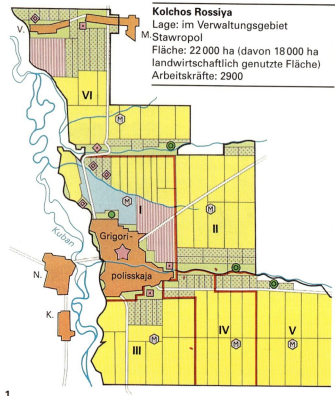

1 Kolchos Rossiya

Lage: im Verwaltungsgebiet Stawropol
Fläche: 22 000 ha (davon 18 000 ha landwirtschaftlich genutzte Fläche)
Arbeitskräfte: 2900

allem Fleisch, Milch, Kartoffeln, Eier, Obst und Gemüse erzeugt.

Seit 1990 ist es möglich, Land zu erwerben, doch die **Privatisierung** geht nur langsam voran. Die meisten Kolchosen und Sowchosen werden nicht aufgeteilt, sondern in Produktionsgenossenschaften oder Aktiengesellschaften umgewandelt. Zum Sprung in die Selbstständigkeit sind die Rahmenbedingungen noch sehr schlecht. Es mangelt an Erfahrung, notwendige Maschinen und Geräte fehlen und die Unterstützung durch den Staat ist gering. 1993 waren in Russland erst 150 000 Bauernhöfe in privater Hand.

Wirtschaftsgebäude eines ehemaligen Kolchos

Einer der neuen Bauern ist Herr Michail Pintschuk aus der Region Krasnodar. Um sich das Geld für einen alten Traktor, ein Pferd und einen Lastwagen mit Anhänger zu verschaffen, verkaufte er sein Auto und sammelte Altmetall. Auf dem Lastwagen steht nun in großen Buchstaben: „Es gibt kein Abbiegen und kein Zurück!"
Herr Pintschuk muss schwer arbeiten, viel schwerer als früher im Kolchos. Dessen Vorsitzender hat ihm das schlechteste Land verpachtet und macht ihm auch sonst das Leben schwer. So kam der kolchoseigene Mähdrescher nicht zum vereinbarten Termin, einige Tonnen Getreide gingen dadurch verloren. Um das Getreide zu lagern, füllten Michail und seine Frau Zimmer und Garage mit dem Korn, um es vor Nässe und Ungeziefer zu schützen. Seine Ernte konnte Herr Pintschuk bisher gut verkaufen. Trotz aller Schwierigkeiten schaut er optimistisch in die Zukunft.

Der Landkreis Schachowskoj westlich von Moskau mit seinen 25 000 Einwohnern und 30 000 Kühen ist auf Milch- und Fleischproduktion spezialisiert. In Scharen kommen die Moskauer um sich hier einzudecken. Denn das Fleisch ist frischer als in den Staatsläden, es kostet nur ein Drittel so viel wie auf den besser belieferten, aber sündhaft teuren Moskauer Märkten.
In Schachowskoj haben sich inzwischen alle sieben Sowchosen in Aktiengesellschaften umgewandelt. Selbst eine der beiden Kolchosen des Landkreises hat diese Form gewählt. Doch auch die Aktiengesellschaften sind weiter an den alten Staatsauftrag gebunden. In diesem Jahr müssen sie 45 Prozent vom Durchschnittsertrag der vergangenen fünf Jahre an den Staat verkaufen. Dadurch versucht die Regierung, die Versorgung insbesondere von Großstädten und klimatisch benachteiligten Gebieten sicherzustellen.

1 Werte die Karte (1) aus.
a) Über welche Entfernungen erstreckt sich das Gebiet des Kolchos?
b) Welche Aussagen können darüber gemacht werden, wie die Arbeit der Brigaden organisiert wird?
2 Welche Probleme kann es geben, wenn sich ein Mitglied des Kolchos Rossiya selbstständig machen will? Nimm auch Text (2) zu Hilfe.
3 Kannst du dir vorstellen, warum nicht die gesamte landwirtschaftliche Nutzfläche einfach an Bauern aufgeteilt wird?
4 Vergleiche Text (2) und (4). Was für landwirtschaftliche Betriebe sind aus den Kolchosen und Sowchosen entstanden?

1 Baikal-Amur-Magistrale (BAM)

2 „SIBIR"

Schatzkammer Sibirien

Sibirien ist eine gewaltige Schatzkammer. Hier liegt mehr als die Hälfte der Stein- und Braunkohlenreserven der Welt und mehr als ein Drittel der Buntmetallreserven. Die bisher in Sibirien entdeckten Erdöl- und Erdgaslagerstätten sind mit Abstand die reichsten der Erde. Doch diese Schatzkammer ist nicht leicht zu öffnen. Ungünstige Naturbedingungen erschweren die Ausbeutung der Bodenschätze.

Vor acht Jahren kam Wladimir Baschkin aus Kiew nach Sibirien. „Für mich bedeutet Sibirien mehr Lohn, mehr Urlaub und Anspruch auf eine Wohnung und ein Auto, wenn ich in zwei Jahren wieder heimkehre. Dafür nehme ich gerne die zehn Jahre Arbeit unter extremen Bedingungen in Kauf", erzählt er. „Auf unserer Baustelle wird im Winter Metall spröde, Gummi wird brüchig und die Motoren versagen. Wegen des Dauerfrostbodens müssen wir Häuser, Straßen und Pipelines auf Kiesfundamenten oder gar Pfählen errichten. Wenn im Sommer der Schnee schmilzt, kommt es zu riesigen Überschwemmungen. Das Wasser kann nicht nach Norden abfließen, weil die Flüsse dort noch gefroren sind. Dann fangen die Mücken an uns zu peinigen. Sie sind praktisch überall."

Sibirien war lange ein fast menschenleeres Gebiet. Um die Bodenschätze zu erschließen, wurden dort früher Sträflinge und Kriegsgefangene zur Arbeit gezwungen. Später dann sind Tausende von Arbeitskräften aus allen Teilen der ehemaligen UdSSR mit großen Versprechungen angeworben worden, wie Wladimir Baschkin.

Zwei Voraussetzungen sind für die Nutzung der Bodenschätze und die Besiedlung Sibiriens wichtig: die Verkehrserschließung und die Energieversorgung. Das Rückgrat der Verkehrserschließung bildet seit 1916 die Transsibirische Eisenbahn. Sie ist mit 9337 km die längste Bahnlinie der Welt. Seit 1985 wird sie durch die Baikal-Amur-Magistrale entlastet, die zur besseren Erschließung Ostsibiriens gebaut worden ist. Die BAM führt von Ust-Kut nach Komsomolsk. Die wasserreichen Flüsse dienen der Energieversorgung. Dort entstanden einige der größten Wasserkraftwerke der Welt, die die neuen Bergwerke, Fabriken und Städte mit Strom beliefern.

Große Wasserkraftwerke in Sibirien (Leistung in Mio. kW)	
Sajan-Schuschenskoe	6,4
Krasnojarsk	6,0
Bratsk	4,5
Ust-Ilimsk	4,0
Zum Vergleich: Wärmekraftwerk Scholven (Gelsenkirchen; größtes deutsches Kraftwerk)	3,7

3

Weltmacht im Umbruch: GUS

Die Bodenschätze Sibiriens verschaffen Russland eine Schlüsselstellung. Die anderen Staaten der GUS müssen nun wie das übrige Ausland für den Bezug von Rohstoffen Weltmarktpreise in Dollar zahlen. Westeuropa wird aus Sibirien direkt über Pipelines mit Erdöl und Erdgas versorgt. Auch Japan bezieht Kohle und Erze von dort und beteiligt sich dafür an den Kosten der Erschließung. Schatzkammern sollte man nicht plündern. Leider ist in der Vergangenheit viel Raubbau betrieben worden. Durch veraltete Fördertechniken und mangelhafte Ausrüstung ist die Förderleistung gesunken. Immer wieder kommt es zu Unfällen, bei denen Öl ausläuft und die empfindliche Natur dieser kalten Gebiete auf Jahrzehnte schädigt. Ein warnendes Beispiel ist der Baikalsee. Er ist inzwischen durch Abwässer so vergiftet, dass das Leben in ihm abgestorben ist.

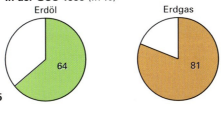

Anteil Westsibiriens an der Förderung in der GUS 1993 (in %)

1 Erläutere Probleme der Erschließung Sibiriens mit Hilfe der Abbildung (1).
2 Arbeite mit dem Atlas und Karte (4):
a) Nenne die Flüsse, an denen die drei größten Kraftwerke Sibiriens liegen (Tabelle 3).
b) Warum bezeichnet man die Erdöllagerstätten in Westsibirien als „Drittes Baku"?
c) Verfolge den Verlauf der Erdöl- und Erdgaspipelines nach Westeuropa. Wo enden sie?
3 Erläutere das Diagramm (5).

Bergbau in der GUS

* wegen geringen Bedarfs oder aufwendiger Erschließungsarbeiten

Weltmacht im Umbruch: GUS

Industrieanlagen in Dnjeprodserschinsk

1

Zentral gelenkte Industrialisierung

„Die fortgeschrittenen kapitalistischen Länder einholen und überholen", das war das erklärte Ziel der UdSSR seit Stalin. Stalin war davon überzeugt, dass die Schwerindustrie die Grundlage für die Industrialisierung ist: ohne Eisen und Stahl keine Maschinen, ohne Maschinen keine anderen Fabriken. Die ersten Fünfjahrespläne verfolgten das Ziel neue Hüttenwerke zu errichten, vielfach ohne Rücksicht auf Mensch und Natur.

Ein großes Hüttenwerk sollte in Magnitogorsk, im südlichen Ural, entstehen. Dort war genug Eisenerz vorhanden, aber keine Steinkohle. Die gab es 2000 km weiter östlich im Gebiet von Kusnezk. Die Planer kamen auf eine Lösung, die nur in einer Zentralverwaltungswirtschaft denkbar ist: Sie bauten in Kusnezk ein zweites Hüttenwerk. Jetzt brauchten die Züge, die Kohle in den Ural brachten, nicht leer zurückzufahren. Das Ural-Kusnezker-**Kombinat** (UKK) war geboren. Als später

„nur" 1000 km entfernt auch bei Karaganda Kohle gefunden wurde, wurde hier ein drittes Hüttenwerk errichtet.
Hohe Transportkosten belasteten die Eisen- und Stahlerzeugung im Kombinat. Eine Kostensenkung war nur möglich, wenn es gelang, die Bodenschätze möglichst an Ort und Stelle weiterzuverarbeiten. Das war die Idee für den TPK, den **Territorialen Produktionskomplex**. Ein TPK muss ein Kraftwerk als Energiebasis haben und über wichtige Bodenschätze oder große Holzvorräte verfügen. Das Gebiet sollte für eine Be-

Ural-Kusnezker Kombinat zu Beginn der Fünfzigerjahre

2

Weltmacht im Umbruch: GUS

siedlung geeignet sein und sich an das Verkehrsnetz anschließen lassen.

Der TPK Südjakutien ist ein Beispiel. Er ist noch im Aufbau begriffen. Nerjungri, die größte Stadt der Gebietes, feierte 1990 seinen 50 000sten Einwohner. Das Durchschnittsalter der Bevölkerung ist mit 26 Jahren sehr niedrig. Junge Menschen sind eher bereit die harten Lebensbedingungen in Sibirien zu ertragen, um schneller an eine Wohnung, an ein Auto oder an Geld zu kommen. Jakutien wird deshalb mit dem Wilden Westen der USA verglichen.

Im TPK Südjakutien arbeiten die Betriebe – durch zentrale Planung gesteuert – so zusammen, dass von der Verarbeitung der Rohstoffe über die Fertigprodukte bis zur Verwertung der Abfallstoffe ein Kreislauf entsteht. Trotzdem bleiben die Rahmenbedingungen ungünstig. Durch die Abseitslage und die Naturbedingungen ist es sehr kostspielig, die Menschen, die das Land erschließen und besiedeln sollen, anzuwerben und zu versorgen. Es kann sein, dass unter den Bedingungen der Marktwirtschaft einzelne TPKs aufgegeben werden.

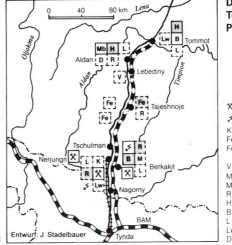

3 Der Südjakutische Territoriale Produktionskomplex

1 Suche im Atlas die wichtigsten Industriegebiete Russlands und der übrigen GUS.

2 Vergleiche mit Hilfe der Karten (2) und (3) die Entfernungen im Ural-Kusnezker-Kombinat und im TPK Südjakutien.

3 Erläutere die Karte (3).
a) Welche Bedingungen für einen TPK sind in Südjakutien gut erfüllt, welche weniger gut?
b) Landwirtschaft und Lebensmittelindustrie sind erst geplant. Welche Konsequenzen hat das?

4 Die Sowjets hatten versucht Sibirien zu besiedeln. Wo ist ihnen das gelungen? Werte im Atlas eine Bevölkerungsdichtekarte aus.

4 Nerjungri

Weltmacht im Umbruch: GUS

Taiga in Gefahr

Die Meldungen aus der russischen **Taiga** lesen sich wie ein Katastrophenbericht:
– Bratsk, Südsibirien: Im Umkreis von 40 km starke Waldschäden, in unmittelbarer Umgebung alle Kiefernbestände abgestorben
– Halbinsel Kola, an der Grenze zu Finnland bzw. Norwegen: Im Radius von 50 km insgesamt 12 000 ha abgestorben, weitere 45 000 ha stark geschädigt; verantwortlich: Nickel-Großbetriebe, Jahresausstoß: 670 000 t Schwefeldioxid (SO_2)
– Industriegebiet Norilsk im Norden Sibiriens: Im Umkreis von 300 km Wälder abgestorben, weitere Flächen stark geschädigt: 25 Mio. ha, entspricht der Größe der alten Bundesländer, jährlicher Ausstoß der Schwerindustriebetriebe: 2,5 Mio. t, hauptsächlich Schwefeldioxid und Kohlenmonoxid.
(Nach Enquête-Kommission des Deutschen Bundestages, 1994)
Nahezu alle Industriebetriebe in der ehemaligen Sowjetunion produzierten ohne Schadstofffilter. In 171 Städten Russlands überschritt die Schadstoffbelastung 1992 die Grenzwerte, die die Weltgesundheitsorganisation angibt. In 55 Städten lag die Schadstoffkonzentration sogar beim Fünf- und Mehrfachen dieses Grenzwertes. Und viele der Industriestädte liegen in der Taiga.
Die Ausbeutung der russischen Wälder durch die großen Holzbetriebe erfolgte durch Kahlschlag auf Flächen zwischen 1500 und 2000 ha, von denen maximal

1 **Sommerliche Auftauphase des Dauerfrostbodens in der Taiga Westsibiriens (bei Tjumen)**

Taiga:
Die Taiga, auch als boreale Wälder bezeichnet, bildet mit 1400 Mio. ha, nach den Tropenwäldern mit 1577 Mio. ha, die zweitgrößte Vegetationszone der Erde. Erst in jüngster Zeit ist deutlich geworden, dass die Taiga eine beinahe ebenso wichtige Bedeutung für das Weltklima hat wie die Wälder der Tropen. Hier werden rund 700 Mrd. t Kohlenstoff und damit auch eine gigantische Menge an Kohlenstoffdioxid (CO_2) gespeichert. Die Freisetzung eines Teils dieser Menge wird eine spürbare Beschleunigung des Treibhauseffektes mit sich bringen.

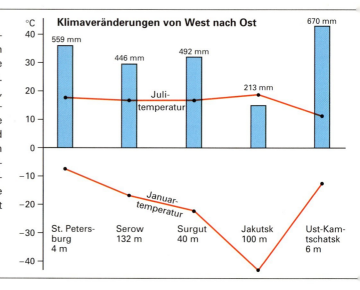

2

Weltmacht im Umbruch: GUS

ein Drittel wieder aufgeforstet wurden. Von den eingeschlagenen Bäumen verrottete die Hälfte auf den Einschlagflächen bzw. ging während des Transports auf den Flüssen verloren. Dies führte dazu, dass in einigen Regionen des waldreichsten Landes der Erde bereits seit Jahren Holzmangel herrscht. Außerdem belasten die im Wasser verwesenden Baumstämme die Gewässer mit Schadstoffen, die bei der Lösung der Harze freigesetzt werden. Nach der Einführung der Reformmaßnahmen 1992, die den Gebietseinheiten größere wirtschaftliche Freiheiten einräumt, wurden v. a. in der Region des Fernen Ostens verstärkt Verträge über großflächige Einschläge mit ausländischen Betrieben abgeschlossen. Seitdem beuten süd- und nordkoreanische, japanische, amerikanische und europäische Holzkonzerne diese Region rücksichtslos aus.

Enorme **Landschaftsschäden** gehen von der Förderung und dem Transport von Erdgas und Erdöl in Westsibirien aus. „Alle sechs Stunden ereignet sich auf den Erdölfeldern Russlands eine Katastrophe wie jene des voll beladenen Tankers „Exxon Valdez", der vor der Küste Alaskas auf ein Riff auflief: in den Ozean flossen über 11 Mio. Gallonen Rohöl (= 42 Mio. l). In Russland aber strömen jeden Tag 38,64 Mio. Gallonen Öl (146 Mio. l) in die Umwelt. Das amerikanische Magazin U. S. News and World Report teilte mit, dass man in Sibirien schon ein „Ölmeer", 1,8 Meter tief und 71,68 Quadratkilometer groß, entdeckt habe, das niemand gehört." Durch diesen enormen Schadstoffeintrag und der damit verbundenen vollständigen Zerstörung der betroffenen Gebiete geht auch die Vertreibung der dort lebenden einheimischen Bevölkerung einher, der man dadurch jegliche weitere wirtschaftliche Betätigungsmöglichkeit entzieht.

[1] Ordne die im Text aufgeführten Industrie- und Bergbaugebiete in die Abbildung (4) Seite 25 ein.

[2] Die Umweltbelastung und -zerstörung ist in Westsibirien besonders groß. Beschreibe anhand des Textes und der Abbildung (1).

[3] a) Die Bäume der Taiga haben, im Vergleich zu unseren, andere Merkmale. Beschreibe und begründe.
b) Welche Rolle spielt die Taiga für das Weltklima?
c) Die Zerstörung der Taiga hat Auswirkungen auf den Treibhauseffekt. Erläutere.

Gesamtfläche des Borealen Nadelwaldes: 1400 Mio. ha; davon

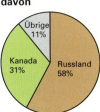

Übrige 11%
Kanada 31%
Russland 58%

Boden:
Im Norden West- und Ostsibiriens herrscht flächendeckend Dauerfrostboden vor. Nach Süden hin tritt er nur inselhaft auf und am südlichen Saum der Taiga fehlt er. Bedingt durch das vorherrschend flache Relief entstehen an vielen Stellen ausgedehnte Vernässungszonen mit Sümpfen und Mooren. Im Sommer tauen die Dauerfrostböden bis in eine Tiefe von 20 cm bis maximal 100 cm auf. Je dünner die auftauende Bodenschicht ist, desto lichter ist der Waldbestand. (Bäume mit einem flachen Wurzelsystem – z. B. Fichten, Lärchen und Pappeln – sind hier gegenüber Tiefwurzlern, wie z. B. der Kiefer, bevorteilt.) Der auftauende Dauerfrostboden ermöglicht auch in trockenen Sommern eine ausreichende Wasserversorgung der Pflanzen.

Artenzusammensetzung:
Die Taiga ist ein artenarmer Wald, weil nur wenige Baumarten wie Fichten, Kiefern, Tannen, Lärchen sowie Birken, Espen und Pappeln genügend frosthart sind. Als Folge der harten Klimabedingungen wachsen die Bäume äußerst langsam, erreichen nur 12 bis 20 Meter Höhe, haben schlanke Kronen und dünnere Stämme als in unserem Klima.

1 Hier herrschte einst reger Hafenbetrieb (Aralsk)

Der Aralsee – vom Meer zur Wüste

Der langsame Tod des Aralsees spielt sich vor unseren Augen ab. Seit 1960 sinkt der Seespiegel beständig und die Seefläche verringerte sich bis heute um 36 000 km². Das entspricht ungefähr der Fläche Baden-Württembergs. Dramatisch sind die weit reichenden Auswirkungen:
– Der Salzgehalt des Wassers steigt ständig an. Alle Fischarten sind ausgestorben.
– Aus dem trockengefallenen Uferstreifen werden jährlich 75 bis 100 Mio. t Staub und Salz ausgeweht. Die feinen Salzkristalle schlagen sich im Norden und Nordosten in den fruchtbaren Steppengebieten nieder und sind dort für die teilweise erheblichen Ernteeinbußen verantwortlich.
– Durch die Verkleinerung der Seefläche können heute die kalten, trockenen Nordostwinde aus Sibirien nahezu ungehindert nach Zentralasien eindringen. Die frostfreie Zeit verringerte sich im Deltabereich des Amu-Darja von 200 auf 170 Tage. Die Julitemperatur hingegen erhöhte sich um 2,6 °C.
– Dramatisch zugenommen haben Erkrankungen der Atemwege und Hautverätzungen durch den höheren Salzgehalt der Luft.

Viele Menschen verlassen die sterbende Region. Gibt es wirklich keine Rettung? Die Aussage der Wissenschaftler ist eindeutig: Eine Wiederherstellung des Zustandes von 1960 ist unmöglich. Berechnungen zeigen, dass jährlich mindestens 27 km³ notwendig wären, um die Seespiegelfläche von heute zu erhalten. Riesige Geldmengen sind dazu erforderlich, die die betroffenen Staaten selbst nicht aufbringen können. Rettung also nur von außen?

2

Daten	
Seefläche in 1000 km²	
1960:	69,4
1992:	33,6
Volumen in km³	
1960:	1039
1992:	231
Zufluss in km³	
1960:	55,9
1992:	5,0

3

In der Karte (4) ist der Unterlauf des Amu-Darja als **ökologische Krisenregion** gekennzeichnet. In solchen Regionen treffen mindestens drei schwerwiegende Umweltprobleme zusammen. Beim Amu-Darja sind das:
– die starke Schadstoffbelastung des Flusswassers (Dünge- und Pflanzenschutzmittel, Abwässer von Industrie und Haushalten),
– die Absenkung und Verunreinigung des Grundwassers,
– die **Bodenversalzung** und -belastung durch eine Vielzahl an Schadstoffen,
– die Anreicherung von Salzstaub in der Luft.
Nahezu alle großen Industrie- und Bergbaugebiete in den Nachfolgestaaten der Sowjetunion weisen die Merkmale solcher Krisenregionen auf: Fast immer ist die Atmosphäre durch enorme Schadstoffmengen belastet, fast immer werden die Abwässer von Industrie und Haushalten ungeklärt in die Flüsse geleitet, fast immer ist der Boden durch den Eintrag hochgiftiger chemischer Substanzen nachhaltig geschädigt, fast immer tritt ein Verlust an Boden für die Landwirtschaft ein. In den Bergbaugebieten werden diese Probleme ergänzt durch Bodenabsenkungen, durch erhöhte Staubanteile in der Atmosphäre aus ungeschützten Halden und vieles mehr.

1 Stelle die wichtigsten Ursachen für die Verlandung des Aralsees zusammen.
2 Was könnte man unternehmen, um den Abfluss von Amu-Darja und Syr-Darja zu erhöhen? Diskutiert.
3 Ökologische Krisenregion Ural: Welches sind die besonders stark belastenden Industriezweige? Erarbeite die möglichen Problembereiche.

Die ökologische Verwüstung im Gebiet der ehemaligen Sowjetunion

TERRA Orientieren und Üben

Flächengröße im Vergleich in Mio. km²

1

1 Ähnlich wie in den USA, in China oder Kanada gibt es auch in Russland riesige kaum oder gering besiedelte Räume. Die historische Orientierung nach Westen sowie die Bedingungen des Naturraumes spielen dafür eine entscheidende Rolle.
a) Beschreibe die räumliche Verteilung der Bevölkerung (Karte 3).
b) Welche Tatsache hat letztlich den Anstoß zur Erschließung und ansatzweisen Besiedlung Sibiriens gegeben?
c) Siedlungserschließung östlich des Urals folgte bestimmten „Leitlinien" und wichtigen geplanten Standorten. Gib Beispiele dafür.
d) Auf welche klimatischen Voraussetzungen treffen Menschen in Werchojansk, in Moskau, in Odessa oder am Aralsee? (Soweit im Anhang Klimadaten abgedruckt sind: Zeichne die Klimadiagramme).

2 Beschreibe die räumliche Verteilung großer Industriegebiete (Karte 3). In welchen Staaten liegen sie? Was weißt Du über ihre Entstehung?

3 Aussagen zu einem bestimmten Sachverhalt muss man ordnen um die Zusammenhänge zu begreifen. Das geschieht z. B. durch Verknüpfen von Einzelfaktoren über Pfeile, die angeben, welches Element eines solchen Zusammenhangs auf ein anderes (positiv oder negativ) einwirkt. Eine solche Darstellung nennt man „Strukturschema". Entwirf ein solches Strukturschema zum Thema: Taiga in Gefahr.

Schüler erstellen ein Strukturschema

2

3

4 Deutschland bezieht einen beachtlichen Teil an Erdöl und Erdgas aus Russland. Andererseits steht Russland selbst vor großen Entwicklungs- und Energieversorgungsproblemen.
Warum ist der Energierohstoffexport dennoch für Russland oder auch für Kasachstan wichtig? Und warum sind derzeit dadurch weitere Umweltkatastrophen vorprogrammiert?

5 Ähnlich wie beim Tropischen Regenwald gibt es auch in den Borealen Nadelwäldern der Taiga Raubbau und Zerstörung des Landschaftshaushalts. Welche Staaten können über die Taiga-Wälder verfügen und welche Interessen führen zum Raubbau an den Waldgebieten nicht nur in Russland, sondern z. B. auch in Kanada?

6 Erläutere die Kennzeichnung der Lage Russlands „Zwischen Kältepol und Wüste". Welche Hilfsmittel kann man dazu heranziehen?

Weltmacht im Umbruch: GUS

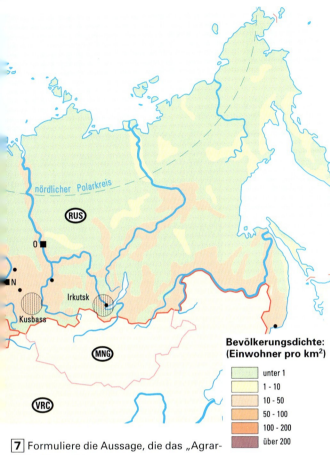

z. B. die Ukraine:
Seit 1991 unabhängig, ist sie mit 52 Mio. Einwohnern und 600 000 km² einer der größten Staaten Europas.

[8] Wieso Europas? Welche Problematik steckt hinter dieser Aussage?

Die Ukraine verfügt über gute Voraussetzungen für eine Entwicklung in Unabhängigkeit. Das gilt sowohl für die Bedingungen der Landwirtschaft als auch für den Stand der industriellen Produktion.

Anteil der Ukraine an der Gesamtproduktion in der UdSSR 1990 (%)

Getreide	25	Zuckerrüben	53
Sonnenblumen	50	Gemüse	26
Kartoffeln	27	Fleisch	22
Uran	50	Eisenerz	45
Kohle	26	Erdgas	4
Stahl	36	Elektromotoren	36
Fernsehgeräte	36		

5

[9] Worin liegt die besondere naturräumliche Gunst, die dazu führt, dass die Ukraine auch als Kornkammer der ehemaligen UdSSR bezeichnet wurde?

[10] Überlege, was aus den Zahlen der Tabelle sowohl für die eigenständige Entwicklung der Ukraine als auch für die wirtschaftliche Ausgangssituation der anderen GUS-Staaten nach der Unabhängigkeit abgelesen werden kann.

Bevölkerungsdichte: (Einwohner pro km²)
- unter 1
- 1 - 10
- 10 - 50
- 50 - 100
- 100 - 200
- über 200

Großstädte (Auswahl)
- über 5 Mio. Einw.
- 1 - 5 Mio. Einw.
- 500000 - 1 Mio. Einw.
- großes Industriegebiet

0   500   1000 km

[7] Formuliere die Aussage, die das „Agrardreieck" macht.
a) Was unterscheidet den Übergang zur benachbarten Zone im Norden von dem Übergang im Süden?
b) Warum wird es nach Osten immer schmaler?
c) Welche Staaten haben heute Anteil am „Agrardreieck"?

4
Das Agrardreieck der GUS

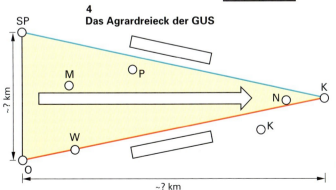

6
Sowchose bei Rostow in der Ukraine

Indien – ein vielfältiges Land

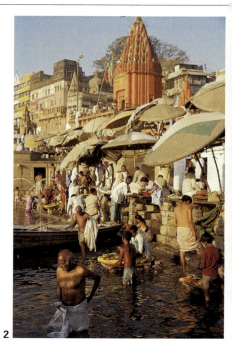

2

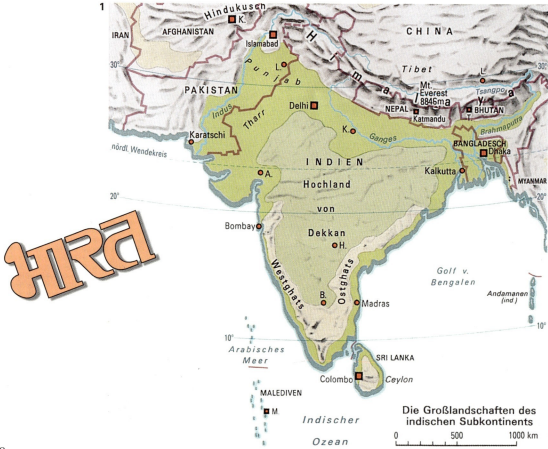

भारत

1 Die Großlandschaften des indischen Subkontinents

Wie soll ich mein Land charakterisieren, das so unbeschreiblich in seiner Vielfalt ist? Sicher spielt in Indien die Größe des Territoriums eine wichtige Rolle. Mit dem Flugzeug würde man vom nördlichsten Punkt in Kashmir zum südlichsten am Kap Komorin immerhin 3214 km zurücklegen und auch bei einem Flug von Westen nach Osten wären an der breitesten Stelle 2933 km zu bewältigen.

Mein Land hat riesige Ausmaße. Und so spiegeln sich auch hier die unterschiedlichsten Landschaften und gegensätzliche Klimaverhältnisse wider: Die schneebedeckten, schroffen Gipfel des Himalaya im Norden bilden einen eindrucksvollen Gegensatz zu den weißen Sandstränden an der Südküste. Dazwischen liegen grüne Reisfelder in den Tiefländern und dichte Wälder in den Mittelgebirgen.

Unsere Kultur und Geschichte reicht über 5000 Jahre in die Vergangenheit zurück. Die Hochkulturen, die sich damals bei uns entwickelten, standen denen von Babylon oder Ägypten in nichts nach.

Obwohl unsere Regierung jährlich große Summen für die Entwicklung ausgibt, ist die Armut hier noch weit verbreitet. Dabei war Indien in uralten Zeiten ein blühendes und sehr reiches Land. Vielleicht ist es gerade deswegen so häufig von Eroberern heimgesucht worden. Die tiefsten Spuren hat zuletzt die englische Kolonialmacht hinterlassen.

Viele verschiedene Völker haben zum kulturellen Reichtum unseres Landes beigetragen. Und so bestimmen heute unterschiedliche Bräuche und Traditionen unser Leben. Große Probleme bereitet es uns aber, dass unser Volk, das immerhin das zweitgrößte der Erde ist, über keine gemeinsame Sprache verfügt. Mitten durch unser Land verläuft eine Sprachengrenze, die sich häufig in Ablehnung und Verachtung äußert. Die Größe und die vielen Kontraste machen es schwer, unser Land zu verstehen: Da pflügen Bauern noch mit dem hölzernen Hakenpflug, während im Weltall der indische Satellit INSAT 1 B seine Bahnen zieht; hochspezialisierte Wissenschaftler und ein Heer von Analphabeten bilden genauso Gegensätze wie Massenarmut und unvorstellbarer Reichtum. (Shireen Khanna)

2
Am Ufer des Ganges in Varanasi
3
In Bombay
5
In Tamil Nadu
6
In Delhi

Indien – ein vielfältiges Land

1 Vor einem Stadttor in Jaipur

2 Steinplastik in Kajuraho bei Agra
3 Hindus am Ganges in Varanasi

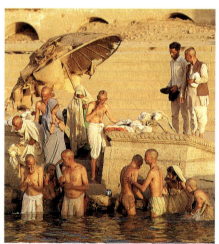

Begegnungen mit Indien

Namastee – Guten Tag, so wird man als Fremder überall in Indien freundlich begrüßt. Wer zum ersten Mal hierher kommt, erlebt ein Land voller Widersprüche, das sich in seiner Vielfalt dem Verstehen nur langsam erschließt. Nur wer sich ihm unvoreingenommen nähert, wer bereit ist, das Land nicht nur nach eigenen Maßstäben zu beurteilen, wird einen Zugang finden.

A Im Land der Rajputen-Fürsten

Nirgendwo zeigt sich Indien so farbenfroh, so märchenhaft, so stolz wie in Rajasthan. Mächtige Burgen, prachtvolle Paläste, mit feinster Steinmetzarbeit verzierte Tempel und Kaufmannshäuser zeugen von der großen Vergangenheit des Wüstenstaates. Besonders eindrucksvoll: die Hauptstadt Jaipur mit ihren rosaroten Mauern, Häusern und Palästen. In den überquellenden, vom Duft exotischer Gewürze erfüllten Basaren begegnen uns Männer mit Wickelhosen und leuchtend roten Turbanen und Frauen in farbenfrohen Saris. Hier gibt es wertvolle Miniaturmalereien aus der Mogulzeit, alten Silberschmuck und kunstvolle Stickereien. Auf den Straßen drängen sich Ochsen-, Kamel- und Pferdekarren, Lastwagen, Busse, Räder, Motor- und Fahrradrikschas sowie, scheinbar unberührt inmitten des Verkehrs, immer wieder Kühe.

B In den nordindischen Ebenen

Die fruchtbaren, dicht besiedelten Ebenen sind uraltes Kulturland. Sie lockten immer wieder Eroberer aus dem Norden an. Hier mischen sich daher die kulturellen Einflüsse vieler Völker. Alte Hindutempel, Moscheen und Mausoleen der Moslems, Heiligtümer der Sikhs und Jainas berichten von der wechselvollen Geschichte. In Varanasi, der heiligen Stadt am Ganges mit ihren über 1000 Tempeln, ihren Pilgerherbergen, ihren heiligen Männern, Wahrsagern und Bettlern, erlebt man, wie sehr die Religion das Leben der Inder prägt. Tag für Tag ziehen fromme Hindus bei Sonnenaufgang zu den Stufen am heiligen Ganges, um hier von ihren Sünden erlöst zu werden. Hier nehmen sie ihr rituelles Bad, sprechen Gebete und übergeben dem Fluss Blumenopfer. Wer gar in Varanasi stirbt, wer hier verbrannt und wessen Asche dem Ganges übergeben wird, der kann auf die Erlösung aus dem ewigen Kreislauf der Wiedergeburten hoffen.

Indien – ein vielfältiges Land

C Tamil Nadu – das Land der Tamilen
Im Land der dunkelhäutigen Tamilen begegnet uns ein ganz anderes Indien als in dem durch Jahrhunderte von zahllosen Invasoren heimgesuchten und geprägten Norden. Weitgehend unbeeinflusst vom Islam ist der Süden die „Schatzkammer" hinduistischer Kunst und Kultur geblieben. Dravidische Königreiche haben hier riesige, vielbesuchte Tempelstädte wie Kanchipuram oder Madurai hinterlassen, die zu den Meisterwerken indischer Baukunst zählen. Gewaltige Tortürme mit Tausenden vielköpfiger und vielarmiger Götterfiguren überragen die heiligen Bezirke. Sie zeugen, wie die überreich verzierten Tempelfassaden und Felsreliefs, von tiefer Religiösität und hohen künstlerischen Fähigkeiten. Madras, die Hauptstadt von Tamil Nadu, gilt als Hochburg der indischen Philosophie und als Zentrum für traditionelle indische Musik- und Tanzformen. Die Eigenheiten des Südens zeigen sich auch in der Sprache und der Lebensweise. So finden Frauen hier mehr Anerkennung als im Norden.

D Von Indern lernen
„Ich sah sie auf Feldern schwitzen, auf Baustellen, in Schulen. Sie waren meine Gastgeber, Mitreisende, Tischnachbarn. Von ihnen allen habe ich gelernt. Nicht, dass ich nun bin wie sie, ihre Geduld besitze, ihre Ausdauer oder ihren Gehorsam. Aber ich habe gelernt, dass unsere Ansprüche an das Leben und unsere Wertvorstellungen nicht überall und immer das Richtige sind. Wo wir uns für Weltmeister halten, in Sachen Fleiß und Disziplin etwa, sind wir verglichen mit Indern zweitklassig. Die körperlichen Leistungen indischer Bauern und Arbeiter kennen bei uns keinen Vergleich. Die ungeheure Disziplin, die das Zusammenleben in Großfamilien verlangt, ist uns verloren gegangen, ebenso die Gastfreundschaft, Geduld, das Einfügen und Zurückstecken. Hier besitzt Indien einen Reichtum, dessen Wert wir verkennen, wohl weil man ihn nicht in Geld messen kann."

5 In Kanchipuram

Wunder für wenige
Wer heute nach Delhi, Bombay oder in die Hightech-Metropole Bangalore kommt, erkennt das alte Indien nicht wieder. Schicke Modegeschäfte, in denen alles angeboten wird, was westlich und teuer ist – Cardin, Benetton, Gucci, jede Menge elektronische Geräte, Schönheitssalons für Männer, Offerten für das neue Phänomen Urlaub und an den Kiosken „Schöner wohnen" und „essen & trinken" auf indisch. Auf den Straßen rollen ausländische Karossen bis hin zum Mercedes 220 E für zwei Millionen Rupien – das entspricht so viel, wie kaum ein Inder sein ganzes Leben lang verdient.

6

[1] Indien aus verschiedenen Blickwinkeln:
a) Notiere, was dir zu Indien einfällt.
b) Fasse kurz zusammen, wie Shireen Khanna (Text 4, S. 29) ihr Heimatland sieht.
c) Welche Merkmale Indiens werden in den Texten dieser Seite herausgestellt? Beachte vor allem auch den Quellentext (4) D.
[2] Trage die genannten Orte und Gebiete in einer Faustskizze von Indien ein.
[3] Besorge dir Prospekte im Reisebüro:
a) Welches „Indienbild" findest du dort?
b) Welche Landschaften und Städte werden vorwiegend besucht? Warum?
c) Stelle eine Route mit zehn Zielorten zusammen, die dich interessieren würden.

7
Zur Geschichte Indiens:
2. Jahrtsd. v. Chr.:
Einwanderung der Arier. Dravidische Bevölkerung wird nach Süden abgedrängt;
11. Jahrhundert n. Chr.:
Invasion der Moslems;
1526 – 1857:
Herrschaft der moslemischen Mogulkaiser;
seit 1707:
Verfall des Mogulreiches;
1858 – 1947:
Britische Kolonie;
1947:
Unabhängigkeit und Staatsgründung: Indien und Pakistan als neue Staaten;
1971:
Ostpakistan wird ein neuer Staat: Bangladesch.

Indien – ein vielfältiges Land

1 Hindu **4 Sikh** **5 Moslemische Frau** **6 Tadsch Mahal**

Viele Völker – viele Religionen

2

Die Vielfalt seiner Völker, Sprachen und Religionen ist für Indien Chance und Gefahr zugleich.

In Nord- und Mittelindien leben vor allem hellhäutige Nachkommen der Indoarier, die von Nordwesten auf den Subkontinent eingewandert sind. Die dunkelhäutigen Bewohner Südindiens stammen von den Drawiden ab, die vor Ankunft der Arier über ganz Indien verbreitet waren. Im Himalaya und in Assam trifft man Menschen mongolischer und burmesischer Herkunft. Heute leben hier viele Tibeter, die nach der Besetzung ihres Landes nach Indien gekommen sind. Die Ureinwohner, die Adivasi, nehmen etwa sieben Prozent der Gesamtbevölkerung ein. Sie wurden von den übrigen Völkern in schwer zugängliche Rückzugsgebiete verdrängt und haben dort ihre ursprüngliche Kultur bewahrt. Heute bemüht sich die Regierung, die Adivasi (hindi: die ersten Menschen) zu integrieren.

Geradezu verwirrend ist die sprachliche Vielfalt: es gibt Hunderte von Sprachen und noch mehr Dialekte. Offiziell zugelassen sind 15 Regionalsprachen mit eigenen Schriften und eigener Tradition: elf indoarische und vier dravidische. Staatssprache ist das von knapp 40 Prozent der Bevölkerung gesprochene Hindi. Englisch wird in der Schule gelernt und dient zur Verständigung zwischen den Sprachgruppen.

Besonders kennzeichnend ist die religiöse Vielfalt. In keinem anderen Land sind Alltag und Religion so eng verknüpft, insbesondere der **Hinduismus** und das **Kastensystem**. Meist leben die Religionsgemeinschaften friedlich zusammen. Neuerdings nehmen die Konflikte, besonders zwischen Hindus und Moslems, zu. Dabei geht es nicht so sehr um religiöse, sondern um wirtschaftliche und politische Probleme.

Die 15 wichtigsten Bundesländer 1991

Land	Hauptstadt	Bevölkerung in Mio.	Sprache	Pro-Kopf-Einkommen in Rupien
Andhra Pradesh	Hyderabad	66	Telugu*	4722
Assam	Guwahati	22	Assamesisch	3427
Bihar	Patna	86	Hindi	2539
Gujarat	Gandhinagar	41	Gujarati	6060
Haryana	Chandigarh	16	Hindi	6936
Karnataka	Bangalore	45	Kannada*	4737
Kerala	Trivandrum	29	Malayalam*	3843
Madhya Pradesh	Bhopal	66	Hindi	3614
Maharashtra	Bombay	79	Marathi	7409
Orissa	Bhubaneswar	32	Oriya	3180
Panjab	Chandigarh	20	Panjabi	8281
Rajasthan	Jaipur	44	Hindi	3983
Tamil Nadu	Madras	56	Tamil*	4428
Uttar Pradesh	Lucknow	139	Hindi	3553
West-Bengalen	Kalkutta	68	Bengali	4750
Indien (gesamt)	Neu-Delhi	866	Hindi	ca. 4400

3 *drawidische Sprachen

Indien – ein vielfältiges Land

Das Kastensystem

Das im Hinduismus verankerte Kastensystem weist jedem Inder einen festen Platz in der Gesellschaft zu. Es entstand vor fast 4000 Jahren durch die Einteilung der Menschen in vier Stände (indisch: varna = Rasse, Hautfarbe), die sich durch Beruf und Ansehen voneinander unterscheiden. Im Laufe der Zeit entwickelten sich daraus mehr als 3000 Kasten, die das Leben auf dem Lande wie eh und je prägen.

Jeder Hindu wird in die Kaste (indisch: jati = Geburt) seiner Eltern hineingeboren und gehört ihr bis zum Tode an. Sie bestimmt sein ganzes Leben: sie legt ihn auf den Beruf seiner Familie fest. Sie regelt, was, wie und mit wem er essen darf, oder dass nur innerhalb der eigenen Kaste geheiratet wird. Das Einhalten dieser Kastenregeln gehört zu den religiösen Pflichten der Hindus. Sie glauben an die Wiedergeburt des Menschen. Jeder bekommt die Möglichkeit zugewiesen, die er in seinem vorherigen Leben durch gute oder böse Taten verdient hat. Wer sich nicht in sein Schicksal fügt, kann im nächsten Leben in einer niedrigeren Kaste oder gar als Tier wiedergeboren werden.

Die eigene Kaste bietet ihren Mitgliedern Schutz und Fürsorge. Sie hilft bei Armut und Not. Umso schärfer trennt man sich von anderen Kasten. Deshalb bewohnen die Kasten in den Dörfern jeweils eigene Viertel. Am unteren Ende der Rangordnung stehen die Unberührbaren, die Kastenlosen: ausgestoßen, verachtet und drangsaliert. Sie erledigen alles, was die „reinen" Kasten nicht ausführen können, ohne dadurch selbst unberührbar zu werden.

Wer der Kastenordnung entfliehen möchte, muss in die Städte abwandern. Hier lockern sich die Kastengegensätze. Wer morgens ins Büro geht, lässt seine Kaste zu Hause. Rikschafahrer aus verschiedenen Kasten vereinigen sich, wenn es um gemeinsame Interessen geht. Brahmanen können in überfüllten Bussen oder Restaurants ihre Nachbarn nicht mehr aussuchen...

7

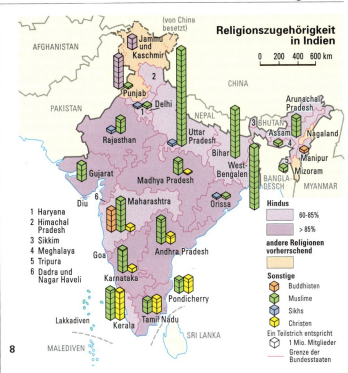

8 Religionszugehörigkeit in Indien

1 Haryana
2 Himachal Pradesh
3 Sikkim
4 Meghalaya
5 Tripura
6 Dadra und Nagar Haveli

1 Erläutere die Verteilung der Volks-, Sprach- und Religionsgruppen in Indien (Text, Tabelle 3 und Karte 8).

2 Zeichne eine Karte: Verbreitung der indoarischen und drawidischen Sprachen.

3 „Hindi never – English ever", so hieß es in Südindien, als Hindi einzige Staatssprache werden sollte. Erkläre.

4 Text (7): Welche Auswirkungen hat das Kastensystem für den Einzelnen und für die Gemeinschaft?

5 Welche Probleme ergeben sich aus der Vielfalt der Völker und Religionen?

Religionen
Hindus 83 %
Moslems 11 %
Christen 3 %

Übrige (Sikhs, Buddhisten, Parsen, Juden u. a.) 3 %

9 Kasten- und Berufsgliederung

Die indische Verfassung garantiert die Gleichheit aller Bürger vor dem Gesetz, unabhängig von Religion, Rasse, Kaste oder Geschlecht. Die Unberührbarkeit ist abgeschafft. Für Unberührbare und Adivasi hat die Regierung Quoten festgelegt, um ihnen Stellen im öffentlichen Dienst oder bei Studienplätzen zu reservieren.

Indien – ein vielfältiges Land

1 In einer Dorfschule in Indien

Bald eine Milliarde Menschen

Entwicklung der Einwohnerzahl Indiens	
1901	238 Mio
1911	252 Mio
1921	251 Mio
1931	278 Mio
1941	318 Mio
1951	361 Mio
1961	439 Mio
1971	548 Mio
1981	685 Mio
1991	866 Mio
1995	936 Mio
(2000	1020 Mio)

2

3

Die Bevölkerungsuhr im Zentrum von Neu-Delhi ist unerbittlich: jede Sekunde eine neue Zahl, jede Sekunde ein neuer Inder!
Als Indien 1947 unabhängig wurde, hatte das Land weniger als 350 Millionen Einwohner. Durch die Bekämpfung der Hungersnöte und Seuchen sowie durch bessere Gesundheitsfürsorge konnte in den folgenden Jahrzehnten die Sterberate deutlich gesenkt werden. Doch die Geburtenrate blieb hoch. Die Einwohnerzahl stieg dadurch explosionsartig. 1996 zählt man bereits 940 Millionen Menschen. Pro Jahr kommen weitere 17 Millionen hinzu. Bald wird es eine Milliarde Inder geben. Und wenn es so weitergeht, wird Indien sogar China überholen.
Der rasche Bevölkerungsanstieg ist zu einem der Hauptprobleme Indiens geworden. Große Teile des Landes sind überbevölkert. Es wird immer schwieriger, genügend Nahrung, Wohnraum, Schulen oder Krankenhäuser bereitzustellen. Das ungebremste Bevölkerungswachstum gefährdet den wirtschaftlichen Fortschritt und belastet die Umwelt.

Die Regierung versucht deshalb seit Jahrzehnten mit verschiedenen Maßnahmen, die Geburtenrate zu senken. Sie hat Beratungsstellen einrichten lassen und wirbt mit dem Motto „Kleine Familie – glückliche Familie" für Familienplanung und freiwillige Geburtenbeschränkung. Sie bietet finanzielle Anreize für Sterilisation und hat das Heiratsalter für Frauen von 15 auf 18, für Männer von 18 auf 21 Jahre heraufgesetzt. Teilweise werden sogar Hilfsmaßnahmen der Regierung von der Teilnahme an der Familienplanung abhängig gemacht: So sollen Dörfer mit niedriger Geburtenrate durch neue Straßen, Schulen und Wasserleitungen belohnt werden.
Solange diese Maßnahmen jedoch nur ein Ersatz für grundlegende soziale Reformen sind, wird ihr Erfolg bescheiden sein. Die Voraussetzungen für die „glückliche Zwei-Kinder-Familie" müssen landesweit erst noch geschaffen werden, besonders für die Masse der Armen, die die meisten Kinder haben. Für sie wird Geburtenbeschränkung erst akzeptabel, wenn ihr Einkommen, ihre Ernährung und ihre Altersversorgung gesichert sind und wenn die hohe Kindersterblichkeit gesenkt wird. Dies zeigt, dass das Bevölkerungsproblem Indiens ein Problem der Entwicklung ist. Aber auch die gesellschaftliche Benachteiligung der Mädchen und Frauen ist für die anhaltend hohe Geburtenrate verantwortlich. Solange Söhne bevorzugt werden, solange Frauen nur durch die Geburt von Kindern, vor allem von Söhnen, zu sozialem Ansehen gelangen,

4

Indien – ein vielfältiges Land

ist keine Lösung in Sicht. Wo dagegen die Rolle der Frauen durch mehr Beschäftigung und Bildung gestärkt wird, gehen die Geburtenraten zurück.

1 Atlasarbeit: Beschreibe die Bevölkerungsverteilung in Indien.
2 Stelle die Werte aus der Tabelle (2) in einem Kurvendiagramm dar und erläutere es.
3 Erkläre mit Hilfe der Materialien (4) bis (6), warum gerade die Armen so viele Kinder haben.
4 Mit welchen Maßnahmen versucht die Regierung, die Geburtenrate zu senken?
5 Werte Bevölkerungspyramide (7) aus:
a) Beschreibe den Altersaufbau der indischen Bevölkerung.
b) Welche Folgen ergeben sich daraus?
6 „Das Bevölkerungsproblem ist ein Problem der Entwicklung!" Erkläre.

Warum Söhne bevorzugt werden
Nur sie dürfen bei den Hindus die Totenrituale durchführen. Nur sie sind erbberechtigt. Sie erhalten bei der Hochzeit eine Mitgift, die, obwohl gesetzlich verboten, als zusätzliche Einkommensquelle der Familie gilt. Um ihre Töchter zu verheiraten, müssen sich daher viele Eltern verschulden.

Vielen Frauen geht es genau wie ihr
Sie ist 35 Jahre alt. Als sie zur Welt kam, war ihre Mutter unterernährt und überarbeitet. Sie hatte Untergewicht und wuchs nur sehr langsam. Während der Kindheit bekam sie nur wenig zu essen – noch weniger als ihre Brüder. Traditionsgemäß wurde sie mit 14 verheiratet und brachte ihr erstes Kind zur Welt, bevor sie ganz ausgewachsen war.

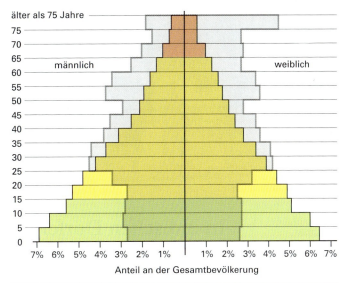

Altersaufbau der Bevölkerung in Indien

Kinder | Bevölkerung in erwerbsfähigem Alter | nicht mehr erwerbsfähige Bevölkerung

7 Zum Vergleich: Deutschland

Eine **Bevölkerungspyramide** zeigt den Altersaufbau der Bevölkerung eines Landes. Es lassen sich aus ihr auch viele Informationen gewinnen, die bei sorgfältiger Auswertung Rückschlüsse auf die im Lande vorherrschenden Lebensverhältnisse ermöglichen. Aufgebaut wird die Pyramide aus einer y-Achse, die die Altersstufen zeigt und einer x-Achse, die, getrennt nach dem Geschlecht, die prozentualen Anteile an der Gesamtbevölkerung darstellt. Am Beispiel Indien erkennst du, dass im Bereich von 0–15 Jahren der höchste Anteil an der Gesamtbevölkerung besteht. Addiert man die Anteile von Jungen und Mädchen in dieser Altersgruppe, ergibt sich, dass über 40 % von ihnen jünger als 16 Jahre sind. In gleicher Weise kannst du die Anteile der Bevölkerung im arbeitsfähigen Alter ermitteln.
Die mit zunehmendem Alter starke Abnahme der Anteile drückt eine geringere Lebenserwartung aus, die sich vor allem aus der unzureichenden medizinischen Versorgung erklärt.

Geburtenrate 1993
29 Geborene auf 1000 Einwohner

Sterberate 1993
10 Tote auf 1000 Einwohner

Bevölkerungswachstum
Ø **1985–94:** 2,0 %
1995 1,9 %

Indien – ein vielfältiges Land

1
Die Familie Ranjan vor ihrem Haus in Karuppur

3
Haus eines Brahmanen
4
Kleinbauer bei der Feldarbeit

3

So lange muss ein indischer Landarbeiter arbeiten, um sich folgende Dinge kaufen zu können:

1/3 Tag:	1 Stück Seife
1/2 Tag:	1 kg Reis oder 5 Eier
4 Tage:	1 Hemd
50 Tage:	1 Armbanduhr
117 Tage:	1 Fahrrad
833 Tage:	1 Kühlschrank

2

In indischen Dörfern

Indien ist heute, wie seit Jahrtausenden, ein Land der Dörfer, die indische Gesellschaft noch immer eine Dorfgesellschaft. Wer Indien verstehen will, muss sich deshalb mit dem ländlichen Raum und seinen Menschen beschäftigen.
Eines der 580 000 Dörfer Indiens ist Karuppur. Es liegt im Südosten des Landes. Hier wohnt Familie Ranjan. In dem kleinen Bauernhaus leben neben Herrn Ranjan und seiner Frau sowie ihren fünf Kindern auch noch die Eltern des Vaters und sein jüngerer Bruder. So zählt die Großfamilie zehn Personen. Das Haus ist einfach eingerichtet. Fußboden und Wände bestehen aus Lehm. Außer den Bettgestellen aus Palmenholz mit Reisstrohmatten gibt es keine weiteren Möbel. Nur ein Regal, auf dem tönerne Trinkgefäße und ein Transistorradio stehen, hängt an der Wand. Darunter einige Bilder der Familiengötter. Vor dem Haus unter dem Vordach aus Palmenblättern liegen bei der Feuerstelle drei Wasserkrüge aus Metall. Mit ihnen tragen Frau Ranjan und ihre beiden ältesten Töchter zweimal am Tag das Wasser aus dem Dorfbrunnen ins Haus.
Die kleineren Kinder sind den ganzen Tag über im Dorf unterwegs, um Kuhdung zu sammeln, der vielerorts Brennholz ersetzt. Die Kühe laufen in Indien frei umher. Da sie den Hindus heilig sind, dürfen sie nicht getötet werden.
Die Familie Ranjan wohnt in der Straße der Bauernkaste. Hinduismus und Kastenwesen bestimmen auch heute noch den Alltag in den indischen Dörfern, doch entscheidend für die Lebensbedingungen der Menschen auf dem Lande ist die Verteilung von Landeigentum. Hier gibt es sehr große Unterschiede.
Herrn Ranjan zum Beispiel gehören 0,5 Hektar Ackerland. Er zählt damit zu den **Kleinbauern**. Je nachdem, wieviel Wasser zur Verfügung steht, kann Herr Ranjan auf seinen Feldern zwei- bis dreimal im Jahr Getreide und Gemüse ernten. Das reicht für die Selbstversorgung der Familie. Für den Verkauf bleibt nur wenig übrig. Will die Familie etwa Kleider oder ein neues Wasserge-

4

Indien – ein vielfältiges Land

faß anschaffen, so müssen Herr Ranjan und seine Frau, oft auch Tochter Indira, beim Großgrundbesitzer viele Stunden zusätzlich arbeiten, um die nötigen Rupien zu verdienen.

Den **Großgrundbesitzern** in den indischen Dörfern gehört meist sehr viel mehr Land. In Karuppur ist die Situation besonders extrem. Fast 90 % der gesamten Ackerfläche des Dorfes sind in der Hand eines einzigen Großgrundbesitzers. Er wohnt nicht im Dorf, sondern in der Millionenstadt Madras. Er hat einen Verwalter und lässt seine Felder von **Landarbeitern** bestellen; und die bezahlt er nur, wenn er auch Arbeit für sie hat. Zwar ist in Indien ein so großer Besitz heute gesetzlich verboten, aber viele Großgrundbesitzer finden immer wieder Wege, die Gesetze zu umgehen.

Eine weitere Gruppe sind die **Pächter**. Sie treiben Ackerbau auf Feldern, die einem Großgrundbesitzer gehören. Meist ist die Pacht so hoch, dass die Ernte gerade ausreicht, sie zu bezahlen. Viele von ihnen geraten im Laufe der Zeit durch zunehmende Verschuldung immer stärker in die Abhängigkeit vom Großgrundbesitzer. Sie werden zu Landarbeitern oder gar zu „Schuldknechten". Diese müssen meist ein Leben lang für den Großgrundbesitzer arbeiten. Schaffen sie es nicht, in ihrem Leben die Schulden abzuarbeiten, so müssen ihre Kinder dafür weiterarbeiten.

Die indische Regierung versucht, oft mit Unterstützung internationaler Hilfsorganisationen, den Menschen in den Dörfern zu helfen. Man baut Brunnen, Kanäle und Straßen. Man verlegt elektrische Leitungen und errichtet Schulen und Kindergärten. Man verkauft in „Fair Price"-Läden Getreide zu verbilligtem Preis an die Armen. Fortschritte sind also erkennbar. Besonders wichtig ist jedoch, den Armen zu Landbesitz, Arbeit und damit zu Einkommen zu verhelfen.

5 Landarbeiter beim Dreschen

Entwicklung der Wirtschaftsbereiche in Indien

Wirtschaftsbereich	Anteil an den Erwerbstätigen in %		Anteil am Bruttoinlandsprodukt in %	
	1971	1993	1971	1993
Landwirtschaft	72	66	49	30
Industrie	10	19	20	28
Dienstleistungen	18	18	31	42

6

[1] Berichte über das Leben der Familie Ranjan (Text und Fotos 1, 3, 4 und 5).
[2] Welche Probleme ergeben sich aus der Verteilung des Landeigentums? Wie sind die Verhältnisse zu verbessern?
[3] Erläutere die Bedeutung der Landwirtschaft in Indien anhand der Tabelle (6).
[4] Werte das Diagramm (7) aus. Vergleiche mit Karuppur.

Landbesitzverteilung in Indien

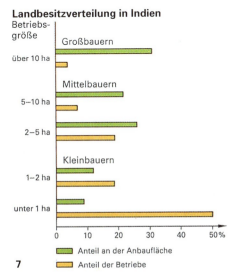

7

Aus einer Studie in einem zentralindischen Dorf (1994): Von 438 Haushalten haben 13 Prozent ein Radio und fast zehn Prozent einen Fernseher.

Indien – ein vielfältiges Land

Der Monsun

Anfang Juni in Bombay: Seit Tagen künden Rundfunk und Fernsehen den Beginn des Monsuns an. Endlich ist es so weit. Eine schwarze Wolkenmauer rückt über das Meer aus Südwesten heran. Blitze flammen auf, Sturmböen fegen daher. Sintflutartig stürzen die Wassermassen vom Himmel. Kurz darauf reißen die Wolken auf und die Sonne scheint wieder. So geht es nun Tag für Tag, Woche für Woche, bis die Regenpausen größer werden und die Niederschläge schließlich ganz aufhören.

Der **Monsun** bestimmt noch immer den Lebensrhythmus in Stadt und Land. Sein Name kommt vom arabischen „mausim" und bedeutet: Jahreszeit. Er ist ein Wind, der beständig weht, aber zweimal im Jahr seine Richtung ändert.

Der **Sommermonsun** ist eine feuchte, warme Luftströmung aus Südwesten. Über dem Indischen Ozean hat diese viel Feuchtigkeit aufgenommen, die dann über dem Land, besonders im Stau der Gebirge, wieder abgegeben wird. Der **Wintermonsun** weht aus nordöstlicher Richtung. Es ist trockene, kühle Luft, die aus Zentralasien kommt.

Besondere Bedeutung hat der Sommermonsun, der „Lebensspender" Indiens. Von seinem Verlauf hängen Jahr für Jahr Sattsein oder Hunger für Millionen ab. Beginnt er pünktlich und fällt genügend Regen, so bedeutet dies für die Bauern eine gute Ernte: „Nahrung und Geld, das der Himmel schenkt." Setzen die Niederschläge jedoch zu spät ein, sind sie zu unregelmäßig, enden sie zu früh oder bleiben sie sogar ganz aus, kommt es zu Missernten und Hunger, aber auch zu Trinkwasserknappheit und Energieausfall. Wenn es zu viel regnet, zerstören Überschwemmungen ganze Landstriche und bringen ebenfalls Hunger.

Um sich vor den Launen des Monsuns zu schützen, baute man vielerorts Staudämme und Bewässerungskanäle oder

1 **Landschaft in Goa kurz nach Ausbruch des Sommermonsuns**

Niederschläge in Südasien
mm
50
100
250
500
1000
2000

← vorherrschende Windrichtung

Einsetzen des Sommermonsuns

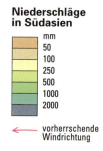

3 **Sommermonsun (Juni–Oktober)**

Stauteiche, so genannte Tanks. Aber der größte Teil Indiens ist weiterhin auf den jährlichen Regen angewiesen.

1 In welchen Monaten wurden die Fotos (1) und (4) aufgenommen?
2 Zeichne mit Hilfe von Text (7) einen Jahreszeiten-Kalender (beschriftet und farbig):
J F M A M J J A S O N D

Indien – ein vielfältiges Land

4 Landschaft in Goa vor Ausbruch des Sommermonsuns

5 Wintermonsun (November–Februar)

Monsun und Jahreszeiten in Indien
- **Vormonsunzeit** (März–Mai): Die Temperaturen steigen auf über 40 °C. Die Luft ist staubbeladen, der Boden trocknet aus, die Pflanzen verdorren.
- **Zeit des Sommermonsuns** (Juni bis September): Der Südwestwind nimmt über dem Ozean viel Feuchtigkeit auf. Vor allem im Stau der Gebirge kommt es zu starken Niederschlägen. Das Land begrünt sich. Es ist feucht und warm.
- **Zeit des Wintermonsuns** (Oktober–Februar): Bei trockener Luft aus dem Inneren Asiens herrscht nun angenehmes, heiteres Wetter. Das Land kühlt ab. In Nordindien gibt es Nachtfröste. Nur der Südosten erhält jetzt Niederschläge.

7

Dürrekatastrophe in Indien
Neu-Delhi, Juni 1992: 100 Millionen Menschen droht der Tod durch Verhungern und Verdursten. Obwohl die Meteorologen die Dürre vorausgesagt haben, hat der Staat keine Vorsorge getroffen. Doch auch das gibt es: Neben toten Brunnen und verdorrten Feldern üppiges Grün und saftige Saat, die Äcker der Großgrundbesitzer, die per Tiefbohrung das letzte Grundwasser herausholen. Sie bewässern Zuckerrohr und Sonnenblumen, die zehnmal so viel Wasser brauchen wie Hirse und andere Nahrungsmittel der Armen.

8

Hochwasser durch starke Monsunregenfälle in Varanasi

6

3 a) Beschreibe die räumliche Verteilung der Niederschläge (Karte 3 und 5).
b) Welchen Einfluss haben die Gebirge?
4 Erläutere die Karte (2).
5 Auf welche Probleme wird in dem Text (8) hingewiesen?
6 Der Monsun ist „Segen und Fluch Indiens". Erstelle dazu eine Tabelle:

Segen	Fluch
Wenn der Monsun ...	Wenn der Monsun ...

Indien – ein vielfältiges Land

1 Victoria Memorial

3 Im Slum

Kalkutta

Unüberschaubare Menschenmassen auf chronisch verstopften Straßen und Gehwegen, dazu noch ein Verkehr, bei dem überfüllte Busse und Straßenbahnen mit Autos, Motorrollern, Rikschas und Ochsenkarren um jeden Quadratmeter Fläche kämpfen. Mitten im Gewühl der Passanten unzählige Händler, Gelegenheitsarbeiter oder Menschen, die auf dem Gehweg leben und nachts auch dort schlafen. Wer in Kalkutta unterwegs ist, begreift, was Überbevölkerung bedeutet. Noch zur Jahrhundertwende galt die einstige Hauptstadt Britisch-Indiens als modernste Stadt Asiens, als führende Wirtschaftsmetropole und als kulturelles Zentrum Indiens. Große Grünflächen, Plätze und Alleen sowie moderne Geschäftsviertel, prachtvolle Paläste und großzügige Bungalow-Viertel prägten das nach dem Vorbild Londons erbaute Stadtzentrum.

Heute zeigt Kalkutta, wie die übrigen indischen Megastädte das Bild einer total überlasteten Stadt. Der Zuzug von Millionen Flüchtlingen sowie Zuwanderern aus den angrenzenden und besonders armen Bundesstaaten haben die Einwohnerzahl auf fast zwölf Millionen anwachsen lassen. Und täglich kommen Tausende von Menschen an: vertrieben von den schlimmen Lebensbedingungen auf dem Lande, voller Hoffnung auf Arbeit und ein besseres Leben. Doch Kalkutta kann ihre Erwartungen längst nicht mehr erfüllen. Zwar ist die Stadt noch immer das geistige und kulturelle Zentrum Indiens und eine der wichtigsten Handels- und Industriestädte des Landes, doch vom ehemaligen Glanz der „Perle Bengalens" ist nur noch wenig zu sehen. Die kolonialzeitlichen Fassaden bröckeln. Die Armut beginnt unmittelbar vor den Luxushotels.

Überall in der Stadt gibt es **Slums,** so genannte Bustees: auf ungenutztem oder brachliegendem Land, an Straßen und Bahngleisen, in sumpfigem Gelände, auf Müllhalden oder vor öffentlichen Gebäuden. Wo eine Fabrik oder ein Wohnviertel der Mittelschicht gebaut wird, entsteht auch als zu- und untergeordneter „Dienstleistungsbetrieb" ein Bustee für Unberührbare und Angehörige der niedrigen Kasten. Derzeit leben über drei Millionen Menschen in behelfsmäßigen Hütten ohne Wasser und Stromanschluss, ohne Toilette und Abwasserkanal. Über eine Million Menschen „wohnen" in illegalen, selbst

2 Bevölkerungsentwicklung in Kalkutta

Indien – ein vielfältiges Land

Leben vom Müll

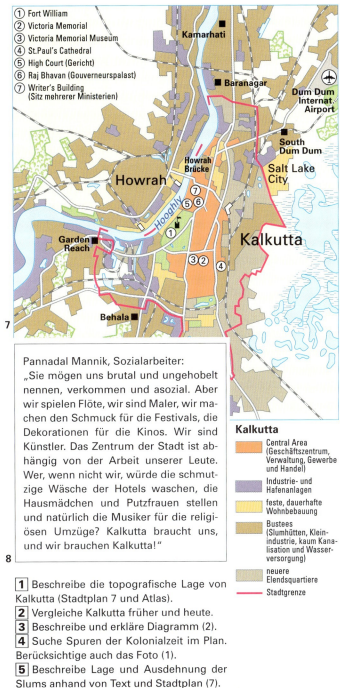

① Fort William
② Victoria Memorial
③ Victoria Memorial Museum
④ St. Paul's Cathedral
⑤ High Court (Gericht)
⑥ Raj Bhavan (Gouverneurspalast)
⑦ Writer's Building
(Sitz mehrerer Ministerien)

Kalkutta

- Central Area (Geschäftszentrum, Verwaltung, Gewerbe und Handel)
- Industrie- und Hafenanlagen
- feste, dauerhafte Wohnbebauung
- Bustees (Slumhütten, Kleinindustrie, kaum Kanalisation und Wasserversorgung)
- neuere Elendsquartiere
- Stadtgrenze

gebauten Notquartieren aus Pappe und Plastik, die immer wieder geräumt und abgerissen werden. Wer selbst dort nicht unterkommt schläft nachts als einer der etwa 500 000 pavement-dweller auf dem Gehweg. Das Leben in den Bustees ist ein ständiger Kampf ums Überleben.

Herr Sataran:
Als Kind des Slums hat er zwei Schulexamen abgelegt und eine Stelle im britischen Chemiekonzern ICI ergattert. Er ist der Stolz der Familie und der Nachbarn. Freilich einer, der sich alltäglich neu beweisen muss, wenn er aus dem Schmutz des Slums wie Phönix aus der Asche mit sauberem Hemd im Büro auftaucht. Nur ein Kunststück will ihm nicht gelingen: das Anmieten einer auch noch so winzigen Wohnung. Umgerechnet 6000 DM verlangen clevere Makler unter der Hand als Abstand.

Herr Kuldip Singh:
„Angenommen, man würde allen Straßenbewohnern Wohnungen verschaffen, so wäre bald die gleiche Anzahl von Menschen auf der Straße. Sie würden nach Kalkutta kommen, weil sie wüssten, dass ihnen geholfen wird. Wenn man ihr Problem wirklich lösen will, muss man auf dem Lande anfangen."

Pannadal Mannik, Sozialarbeiter:
„Sie mögen uns brutal und ungehobelt nennen, verkommen und asozial. Aber wir spielen Flöte, wir sind Maler, wir machen den Schmuck für die Festivals, die Dekorationen für die Kinos. Wir sind Künstler. Das Zentrum der Stadt ist abhängig von der Arbeit unserer Leute. Wer, wenn nicht wir, würde die schmutzige Wäsche der Hotels waschen, die Hausmädchen und Putzfrauen stellen und natürlich die Musiker für die religiösen Umzüge? Kalkutta braucht uns, und wir brauchen Kalkutta!"

1 Beschreibe die topografische Lage von Kalkutta (Stadtplan 7 und Atlas).
2 Vergleiche Kalkutta früher und heute.
3 Beschreibe und erkläre Diagramm (2).
4 Suche Spuren der Kolonialzeit im Plan. Berücksichtige auch das Foto (1).
5 Beschreibe Lage und Ausdehnung der Slums anhand von Text und Stadtplan (7).
6 a) Berichte über das Leben im Slum (Fotos 2, 3 und 4, Texte 5 und 8).
b) Wie helfen sich die Menschen selbst?
7 „Um Kalkutta zu helfen, muss man dem ländlichen Raum helfen." Erkläre.

Indien – ein vielfältiges Land

Frauen in Indien

„Obwohl einige Frauen herausragende Stellungen in den verschiedenen Lebensbereichen besetzen konnten, werden die Frauen im allgemeinen doch als minderwertige Menschen betrachtet. Diskriminierung der Frauen ist vorherrschend in den Familien, in den Schulen, am Arbeitsplatz oder anderswo in der Öffentlichkeit." Diese Aussage der Indischen Bischofskonferenz 1983 gilt auch heute noch.

Die Mehrheit der Inderinnen lebt auf dem Lande. Frauen arbeiten auf den Feldern, kümmern sich um das Vieh, schleppen Brennmaterial und Wasser herbei. Sie kochen, waschen, nähen und flechten, halten Haus und Hof sauber, erziehen die Kinder und versorgen alte oder kranke Familienangehörige. Durchschnittlich arbeiten sie zwölf bis sechzehn Stunden pro Tag, Männer nur acht bis zehn Stunden. Die ungleiche Verteilung der Arbeit wird durch Neuerungen noch verschärft, etwa durch den Einsatz moderner Maschinen, der überwiegend Männern zugute kommt. Die Einführung neuer Reismühlen hat Tausende von Frauen, die den Reis früher manuell schälten, um ihre Erwerbsmöglichkeiten gebracht. So werden Frauen aus vielen traditionellen Tätigkeiten in schlechter bezahlte, arbeitsintensivere Bereiche verdrängt. Immer mehr Frauen arbeiten als Landarbeiterinnen für geringen Lohn.

Mehr Männer als Frauen
Die Bevorzugung von Söhnen, ihre bessere Ernährung und Gesundheitsfürsorge bei gleichzeitiger Vernachlässigung von Mädchen in vielen Fällen und vermehrter Abtreibung von weiblichen Föten hat in Indien das Geschlechterverhältnis umgekehrt: In den meisten Ländern der Welt gibt es einen leichten Frauenüberschuss – in Indien dagegen einen Männerüberschuss.

Aus einem frühindischen Gesetzbuch:
„Eine Frau soll erst essen, nachdem der Mann gegessen hat. Sie soll nicht schlafen, bevor er schläft. Sie soll am Morgen aufstehen, bevor er aufsteht."

Bauarbeiterinnen in Neu-Delhi (1995):
● 90 % sind verheiratet und müssen eine Familie versorgen.
● Keine Baustelle hat Toiletten.
● Keine Frau erhält bezahlten Urlaub.
● Mehr als die Hälfte der schwangeren Frauen arbeitete bis zum letzten Tag vor der Geburt des Kindes.

Besonders leiden die Frauen unter der zunehmenden Umweltzerstörung. Wo Wälder abgeholzt werden, Quellen versiegen und Brunnen austrocknen, müssen Mädchen und Frauen mehrmals täglich kilometerweit gehen, um Brennholz, Wasser und Viehfutter heimzuschleppen. „Die zusätzliche Arbeitslast, die aus der ökologischen Zerstörung resultiert, ist unbeschreiblich", sagt ein indischer Umweltforscher.

Auch in den Städten haben Frauen infolge des Überangebots an Arbeitskräften und ihrer unzureichenden Ausbildung geringe Chancen auf gut bezahlte Tätigkeiten: als Tagelöhnerinnen verdingen sie sich auf Baustellen oder als Gelegenheitsarbeiterinnen in Fabriken, wobei sie bei gleicher Arbeit einen niedrigeren Lohn als die Männer erhalten. Viele Frauen aus armen Familien betätigen sich als „Kleinstunternehmerinnen" im informellen Sektor: Sie produzieren aus weggeworfenem Altmaterial billige Gebrauchsgüter, stellen Zigaretten und Räucherstäbchen her, nähen und besticken Kleider oder bieten einfache Dienstleistungen an.

Doch immer häufiger wehren sich Frauen gegen ihre Benachteiligung. Überall im Land entstehen Frauengruppen, in denen sie Anerkennung erfahren und ihre Fähigkeiten entdecken kön-

Indien – ein vielfältiges Land

Frauen kämpfen für bessere Umwelt
Frauen im Himalaya haben sich an Aktionen der Chipko-Bewegung gegen die Abholzung der Wälder aktiv beteiligt. Die Proteste richten sich gegen die staatliche Forstverwaltung, die die traditionellen Rechte auf freien Zugang zu den Wäldern und auf Nutzung der Waldprodukte beschnitten hat und zugleich große Waldstücke zur kommerziellen Nutzung an Holzunternehmen verpachtete. Neuerdings fordern die Frauen, an Entscheidungen über die Nutzung von Wald und Gemeindeland beteiligt zu werden. Bei Aufforstungen fordern sie Bäume, die essbare Früchte tragen, deren Blätter als Viehfutter genutzt werden können und die gutes Brennholz liefern.

nen. Unterstützt durch Sozialarbeiterinnen und Frauen aus der Mittelschicht treten diese Gruppen für die gesetzlich garantierte Gleichstellung der Frauen ein. Sie wehren sich gegen das Mitgiftsystem, Gewalt gegen Frauen, ungerechte Entlohnung und kämpfen für bessere Lebens- und Arbeitsbedingungen. Auch in der Gesellschaft setzt sich zunehmend die Erkenntnis durch: Keine Entwicklung ohne Frauen. Doch es bleibt noch viel zu tun …

Analphabeten 1995: 10
bei Frauen 62%
insgesamt 48%
Verhältnis
Jungen–Mädchen
in weiterführenden
Schulen: 1,7 : 1

7

Ela Bhatt ist eine der bedeutendsten Frauen Indiens. Ihr ist es zu verdanken, dass die unsichtbare Hälfte der indischen Bevölkerung, die schwer arbeitenden, ausgebeuteten, entrechteten Frauen sichtbar geworden sind. Was die Weltbank als neueste Erkenntnis verbreitet, ist Ela Bhatt schon seit 20 Jahren klar: „Gerade die ärmsten Familien sind am meisten auf die wirtschaftliche Produktivkraft der Frauen angewiesen. Paradoxerweise tragen die Frauen in den ärmsten Haushalten mehr zum Lebensunterhalt bei als die Männer. Deshalb spielen Frauen die entscheidende Rolle, wenn es gilt, ihre Familien aus der Armut herauszuholen." Ela Bhatt hat bereits 1971 die SEWA, die Self Employed Women's Association gegründet. Diese „Gewerkschaft der kleinstgewerbetreibenden Frauen" hat heute über 100 000 Mitglieder, Frauen, die selbstbewusst geworden sind, die auf eigenen Füßen stehen. SEWA hat auch eine eigene Bank mit 30 000 ausschließlich weiblichen Mitgliedern. Ihre Kredite werden zu 96 Prozent pünktlich zurückgezahlt. „Man muss sich organisieren, solidarisieren, man muss zahlreich sein. Und man muss eigene Finanzierungsquellen haben, um nicht hilflos zu bleiben", sagt Ela Bhatt.

Aus der Statistik: Zwei Drittel aller Arbeitsleistungen werden von Frauen erbracht. Aber sie bekommen nur zehn Prozent aller Einkünfte und nur ein Prozent des Vermögens ist in ihrem Besitz. Dennoch wird ein Drittel aller Familien ausschließlich und die Hälfte vorwiegend von Frauen ernährt.

6

8
Aus einem Lied der Frauengruppen
„Sprenge deine Ketten der Knechtschaft, sprenge deine Ketten der Unwissenheit, oh Frau …"

⬜1 Frauen auf dem Lande – Frauen in der Stadt? Beachte auch die beiden Fotos.
⬜2 Setze die Angaben in Text (6) in Säulendiagramme um und erläutere sie.
⬜3 a) Notiere Gründe für die Benachteiligung der Frauen in Indien.
b) Vergleiche mit der Situation bei uns.
⬜4 Text (10): Warum engagieren sich gerade Frauen gegen Umweltzerstörung?
⬜5 Mit welchen Maßnahmen wird versucht, die Situation der Frauen zu verbessern (Text 11 und Zeichnung 9)?

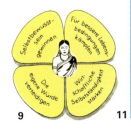

9 11

Indien – ein vielfältiges Land

1 Teppichknüpfende Kinder

Das Rugmark-Siegel
Im Oktober 1994 wurde in Indien die Rugmark-Foundation gegründet. Folgende Kriterien müssen eingehalten werden, um das Siegel zu erhalten:
- Keine Beschäftigung von Kindern unter 14 Jahren.
- In Familienbetrieben dürfen Kinder unter 14 Jahren dann beschäftigt werden, wenn sie nachweislich die Schule besuchen.
- Zahlung der gesetzlichen Mindestlöhne für alle Arbeiter.

Die Rugmark-Foundation überwacht die Einhaltung der Kriterien durch unangemeldete Besuche.

2

Warum müssen Kinder arbeiten?

Schuldknechtschaft in der indischen Teppichindustrie
Radheyshyan stammt aus einer armen Familie. Sein Vater ist Landarbeiter und besitzt nur ein kleines Stück Land, das er nicht bewässern kann. Auch seine Mutter muss auf dem Feld arbeiten und hilft außerdem in anderen Haushalten gegen eine geringe Bezahlung.
Als Radheyshyan sieben Jahre alt war, lieh sich sein Vater 1000 Rupien (umgerechnet etwa 60 DM) bei Mewa Lal, einem Knüpfstuhlbesitzer. Als Gegenwert musste Radheyshyan mit dem Teppichknüpfen beginnen.
Morgens um acht Uhr ging er die zwei Kilometer zu Mewa Lal, der zwei Knüpfstühle besitzt. Dort musste er bis sechs Uhr arbeiten. Zu essen bekam Radheyshyan nur, was abends zu Hause übrig war. Lohn erhielt er im ersten Jahr nicht, weil es als sein Lehrjahr galt. Auch danach bekam er nichts, weil er für die Abzahlung des Darlehens arbeitete.
Der Knüpfstuhlbesitzer misshandelte und schlug Radheyshyan. Wenn der Junge krank war und deshalb zu Hause blieb, wurde er von Mewa Lal abgeholt und zur Arbeit gezwungen.

Radheyshyans Schicksal ist kein Einzelfall. In Indien müssen sehr viele Kinder arbeiten. Es ist ihr Beitrag zur Bekämpfung von Hunger und Armut in ihren Familien.
Weit verbreitet ist Kinderarbeit auf dem Lande, wo viele Menschen ihr tägliches Brot auf den Feldern der Großgrundbesitzer verdienen müssen und dies in ausreichendem Maße oft nur durch die Mitarbeit der Kinder gelingt. Landbesitzende Kleinbauern sind ebenfalls häufig auf die Mitarbeit ihrer Kinder angewiesen, da sie sich Maschinen – und manchmal selbst Arbeitstiere – nicht leisten können. Besonders häufig werden Mädchen zur Arbeit im Haushalt und auf den Feldern herangezogen. Kinder arbeiten aber auch in Handwerk und Kleinindustrie, in Textil- und Teppichfabriken oder in der Produktion von Zündhölzern und Feuerwerkskörpern.
Kinderarbeit gehört auch zum gewohnten Bild in den Städten. Infolge der Armut auf dem Lande sind viele Menschen hierhergezogen. Ein Überleben ist dann oft nur möglich, indem „Kinder auf der Straße Geld verdienen": Sie verkaufen Zeitungen, Zigaretten, Getränke und Blumen, putzen Schuhe oder prostituieren sich.

Artikel 24 der indischen Verfassung
Kein Kind, das jünger als 14 Jahre ist, darf in einer Fabrik oder Mine beschäftigt oder für eine andere gefährliche Arbeit angestellt werden.

3

4

Indien – ein vielfältiges Land

Kinderarbeit ist aber kein spezifisch indisches Problem. Prozentual gesehen, müssen in Bangladesch und Nepal zum Beispiel mehr Kinder arbeiten als in Indien. Weltweit beträgt die Zahl der arbeitenden Kinder gegenwärtig 150 bis 200 Millionen, ein Teil davon arbeitet unter besonders menschenunwürdigen Verhältnissen. Deshalb verabschiedeten die Vereinten Nationen 1989 eine Kinderrechtskonvention.

> Die Vertragsstaaten erkennen das Recht des Kindes an, vor wirtschaftlicher Ausbeutung geschützt und nicht zu einer Arbeit herangezogen zu werden, die Gefahren mit sich bringen, die Erziehung des Kindes behindern oder die Gesundheit des Kindes oder seine körperliche, geistige, seelische, sittliche oder soziale Entwicklung schädigen könnte.

Doch wird diese Vereinbarung bisher noch wenig beachtet, da der Wettbewerb mit „Billiglohnprodukten" auf dem Weltmarkt immer härter wird. Käufer, die z.B. handgeknüpfte Teppiche immer günstiger einkaufen wollen, tragen zu dieser Entwicklung wesentlich bei.

Da Kinderarbeit in vielen Ländern „überlebensnotwendig" ist, lässt sich diese nur wirksam bekämpfen, indem Armut bekämpft wird. Dies ist ein langwieriger Prozess. Deshalb sind kurzfristige Maßnahmen, die die Kinderarbeit menschenwürdiger gestalten, durchaus sinnvoll: z.B. die Ächtung von Sklavenarbeit und Ausbeutung. Das Fernziel muss aber bleiben, jegliche gewerbsmäßige Arbeit für Kinder unter 14 Jahren zu verbieten. Nur so ist die Verwirklichung des Grundrechts auf Bildung und Berufsausbildung für alle Kinder zu verwirklichen.

7 **Nicht alle Kinder müssen arbeiten: Privatschule in Indien**

Erwerbstätige Kinder unter 15 Jahren in Mio.

Indien	44
Pakistan	18
Nigeria	12
Mexiko	10
Bangladesch	6
Philippinen	5
Thailand	4
Nepal	3
Brasilien	3
Ägypten	2
Türkei	2

8

1 a) Warum muss Radheyshyan arbeiten?
b) Beschreibe seine Arbeitssituation (2).
2 Werte den Text und die Fotos aus:
a) Nenne Ursachen für Kinderarbeit in Indien. Welche Kinder sind nicht betroffen?
b) Liste die Folgen von Kinderarbeit auf.
3 a) Wie ist die Kinderarbeit in Indiens Verfassung geregelt?
b) Vergleiche mit der Regelung in Deutschland: Jugendarbeitsschutzgesetz.
4 Wie können Verbraucher in Deutschland und anderen Wohlstandsländern Einfluss auf die Kinderarbeit in Indien nehmen?
5 Zum Nachdenken:
a) Wie ist Kinderabeit zu bekämpfen?
b) Ist sie grundsätzlich zu verurteilen?
c) Gibt es in Deutschland Kinderarbeit?
d) Kinderarbeit gefährdet die Zukunft der betroffenen Kinder!

4 **Wasserverkäuferinnen in Rajastan**
6 **Blumenverkäufer in Bombay**

Indien – ein vielfältiges Land

Fortschritte auf dem Land

Amir Singh erinnert sich, wie es früher im Punjab aussah: „Um zu überleben, mussten die Bauern 16 Stunden am Tag arbeiten. Wenn sie pro Hektar eine Tonne Reis oder Weizen erzielten, konnten sie froh sein. Heute ernten sie zweimal im Jahr zehn Tonnen pro Hektar, fahren mit dem Traktor und sitzen abends in ihren neuen Häusern vor dem Fernseher."

Doch so groß wie im Punjab, der Kornkammer Indiens, waren die Fortschritte nicht überall. Zwar hatte die Regierung schon kurz nach der Unabhängigkeit versucht, durch eine **Bodenreform** Land an Kleinbauern und Landlose zu verteilen, damit diese ihre Grundnahrungsmittel selbst produzieren können. Sie legte Mindestlöhne für Landarbeiter fest und verbot die Schuldknechtschaft. Ein **Dorfentwicklungsprogramm** sollte für Wasser, Strom und Schulen sorgen. Aber die Erfolge dieser Maßnahmen blieben bescheiden: wegen der Widerstände der reichen Bauern, aber auch wegen der Vielzahl der Dörfer. Armut und Hunger nahmen zu.

Als sich Mitte der 60er-Jahre nach zwei Dürrejahren eine Hungerkatastrophe anbahnte, setzte die Regierung auf die **Grüne Revolution.** Neues Saatgut und modernste Agrartechnik sollten endlich den Hunger besiegen und das Leben auf dem Lande nachhaltig verbessern. „Wunderweizen" und „Wunderreis" brachten deutlich höhere Erträge. Sie reiften schneller und ermöglichten mehrere Ernten im Jahr, vorausgesetzt, sie wurden genügend bewässert, gedüngt sowie vor Insekten und Unkraut geschützt. Dies kostet viel Geld. Deshalb beteiligten sich vor allem wohlhabende Bauern an der Grünen Revolution. Sie bekamen günstige Kredite von der Regierung, um die Betriebe zu modernisieren und die Bewässerung auszubauen.

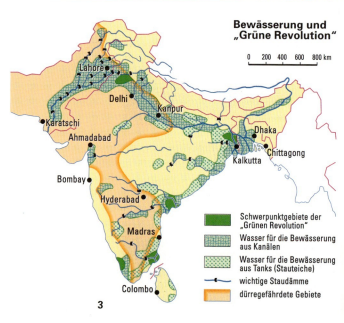

Indien – ein vielfältiges Land

Die Grüne Revolution führte bald zu hohen Produktionssteigerungen. Heute kann sich Indien mit Nahrungsmitteln selbst versorgen. Aber die Erfolge beschränkten sich nur auf wenige, von der Regierung gezielt geförderte Gebiete. So brachte die Grüne Revolution zwar landwirtschaftliches Wachstum, aber keine Entwicklung in den Dörfern. Noch immer gibt es hier Massenarmut, Arbeitslosigkeit und soziale Ungerechtigkeit. Und noch immer werden nicht alle Inder satt. Was helfen Produktionssteigerungen, wenn sich die Armen Nahrungsmittel nicht kaufen können?

1 Beschreibe die Fotos (1) und (2).
2 Karte (3): a) Wo liegen die Schwerpunktgebiete der Grünen Revolution?
b) Begründe ihre Lage.
3 Beschreibe mit Hilfe des Diagramms (5) und der Tabelle (6), wie sich die Produktion von Nahrungsmitteln verändert hat.
4 Die Grüne Revolution – ein Erfolg? Stelle positive und negative Ergebnisse heraus.
5 Was ist von einer Genrevolution zu erwarten (Texte 7 und 8)?
6 „Die Zukunft Indiens entscheidet sich auf dem Land!" Erläutere diese Aussage.

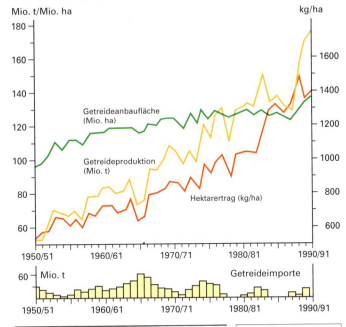

5 Getreideerzeugung und Getreideimporte

Ernteergebnisse vor und nach der „Grünen Revolution" (in Mio. t)

	1960	1980	1990
Reis	35	53	75
Weizen	11	36	54
Jowar-Hirse	10	11	12
Hülsenfrüchte	13	11	14

6

Die Grüne Revolution – ein Erfolg?
Sie hat die Kluft zwischen Arm und Reich verstärkt: sowohl in den Dörfern, als auch zwischen den Regionen. Gewinner waren die Großbauern. Sie erhöhten ihre Erträge, denn sie konnten sich das neue Saatgut und den Dünger leisten. Sie hatten große Felder, auf denen man mit Maschinen arbeiten kann. Sie kauften Pumpen und ließen Brunnen bohren, um auch bei Dürre Wasser zu haben.
Millionen von Kleinbauern konnten die Neuerungen nicht nutzen. Sie hatten zu wenig Land und Geld. Viele, die dennoch Kredite aufnahmen, verschuldeten sich, verloren ihr Land und mussten dann als Pächter oder Tagelöhner arbeiten.
Viele Landarbeiter fanden keine Arbeit, weil nun Maschinen eingesetzt wurden. 7

Steht eine Genrevolution bevor?
Der indische Genetiker Gurdev Khush arbeitet seit 1967 beim IRRI, dem Internationalen Reisforschungsinstitut auf den Philippinen. Er hat einen „Superreis" vorgestellt, mit dem die Erträge um 25 Prozent gesteigert werden können. Allerdings wird es noch 5 Jahre bis zur Marktreife dauern. Zuvor müssen die Resistenz gegen Krankheiten und Schädlinge mit Hilfe der Gentechnik erhöht und der Geschmack verbessert werden. Der „Konstrukteur" hat auch die Pflanze für das 21. Jahrhundert entworfen: dicker Stamm, zweimal so viele Reiskörner pro Halm, kräftigere Wurzeln und kurze Blätter. Wurden früher aus der Biomasse 30 Prozent Reis gewonnen, so sollen jetzt mit dem Superreis rund 60 Prozent geerntet werden.

Wissenschaftler warnen davor, die Grüne Revolution durch eine Genrevolution abzulösen. Der Versuch, Versorgungsprobleme technisch zu lösen, werde auch bei der Genrevolution misslingen. Und noch mehr Bauern werden den Anschluss verlieren. Außerdem besteht die Gefahr, von multinationalen Saatgutkonzernen abhängig zu werden. Die Zukunft gehört Anbausystemen, die das Wissen um die Zusammenhänge in der Natur einbeziehen. 8

Indien – ein vielfältiges Land

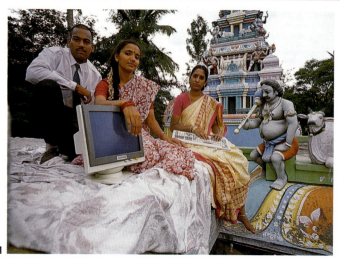

Der Abschied vom Spinnrad
Jahrzehntelang setzte die zweitgrößte Nation der Welt auf Autarkie. Jetzt stellt sie sich dem Wettbewerb des Weltmarktes.
(DIE ZEIT, 24. 11. 1995)

Ein Wirtschaftsriese erwacht
(Süddeutsche Zeitung, 20. 6. 1995)

VW will Montage in Indien starten
(Süddeutsche Zeitung, 23. 2.

Indien tritt langen Marsch in die Marktwirtschaft an
(Frankfurter Rundschau, 18. 3. 1992)

Der Elefant kommt in Bewegung
Indien setzt auf deutsche Hilfe beim Umbau der Wirtschaft
(Generalanzeiger, 21. 2. 1994)

Indien: Die Gegenwart ist nicht nur die Verlängerung der Vergangenheit, sondern die Startrampe in die Zukunft
(DIE ZEIT, 24. 11. 1995)

Entwicklung durch Industrie

Nach der Unabhängigkeit 1947 versuchte Indien jahrzehntelang, die Industrialisierung aus eigener Kraft zu leisten. Für Mahatma Gandhi galt das Spinnrad als Symbol wirtschaftlicher und politischer Unabhängigkeit. Er wollte keine großen Fabriken, sondern Kleinbetriebe und Werkstätten, in denen viele Menschen mit einfachen Mitteln für den eigenen Bedarf produzieren. Nehru, der erste Premierminister Indiens, wollte das Land ebenfalls von Kapital-, Güter- und Technikimporten unabhängig machen. Indien sollte alles selbst herstellen: von der Stecknadel bis zum Kraftwerk. Um dieses Ziel zu erreichen, ließ er Fünfjahrespläne aufstellen und förderte den Aufbau der Schwerindustrie auf Kosten der Landwirtschaft. Staatliche Großbetriebe wie Eisen- und Stahlwerke, Bergwerke und Düngemittelfabriken sollten als „Schlüsselindustrien" zur Grundlage für die weiterverarbeitende Industrie und die Landwirtschaft werden. Als Standorte wurden Städte gewählt, in denen es schon zur Kolonialzeit Industrie gab. Daneben gründete man Großbetriebe wie das mit deutscher Hilfe in bis dahin unerschlossenem Gebiet gebaute Stahlwerk Rourkela. Als die Entwicklungsunterschiede zwischen den Industriezentren und dem übrigen Land zu groß wurden, förderte man den Aufbau der Kleinindustrie auf dem Lande.

Es stellten sich rasch Erfolge ein, denn die Voraussetzungen für die Industrialisierung waren günstig:
- Indien verfügt über viele Rohstoffe aus Landwirtschaft und Bergbau.
- Es gibt viele Arbeitskräfte, darunter wegen der langen Gewerbetradition auch viele qualifizierte Fachkräfte.
- Das Land weist ein fast unerschöpfliches Reservoir an Wissenschaftlern und Technikern auf.

Doch mit der Zeit zeigten sich auch Probleme, so die völlig unzureichende Energieversorgung und das unzulängliche Verkehrswesen. Abgesehen von einzelnen Ausnahmen blieben die ursprünglich erwarteten Entwicklungsimpulse auf den ländlichen Raum aus. Und die lange Abschirmung der Industrie gegenüber der Konkurrenz auf dem Weltmarkt führte in eine „technologische Sackgasse".

Nach einer schweren Wirtschaftskrise wurden zu Anfang der 90er-Jahre tiefgreifende Reformen eingeleitet. Die

Industrieerzeugnisse (in 1000 t/1000 Stück)		
Artikel	1975	1993
Aluminium	168	495
Lkw	0	142
Pkw und Jeeps	32	183
Motorräder und Mopeds	0	1509
Fahrräder	2209	6960
Wasserpumpen	0	524
Nähmaschinen	256	127
Radios	1097	420
Baumwollgarn	989	1523
Baumwollstoff (in Mrd. Meter)	8	14,3

Indien – ein vielfältiges Land

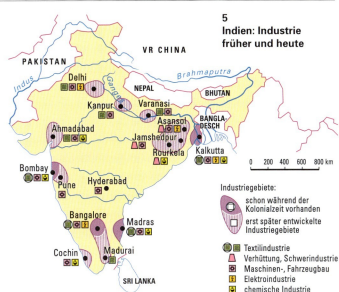

5
Indien: Industrie früher und heute

Industriegebiete:
- schon während der Kolonialzeit vorhanden
- erst später entwickelte Industriegebiete

- Textilindustrie
- Verhüttung, Schwerindustrie
- Maschinen-, Fahrzeugbau
- Elektroindustrie
- chemische Industrie

staatliche Planwirtschaft wurde abgeschafft. Das Land öffnete sich nach außen. Die Regierung warb um ausländisches Kapital und Know-how sowie um private Unternehmer, um die Industrialisierung zu fördern. Heute ist Indien nicht wiederzuerkennen. Die Industrie hat einen großen Sprung nach vorn getan. Das Land produziert eine breite Palette von Industriegütern für den Binnenmarkt und den Export. Indien steht mit seinen Industrieprodukten an zehnter Stelle in der Welt.

„Der Elefant kommt in Bewegung." Es bleibt zu hoffen, dass diese Bewegung endlich allen Indern zugute kommt.

6

Das südindische Bangalore hat sich zu einer „Tempelstadt der Technologie" entwickelt. 12000 Ingenieure arbeiten hier, vor allem in anspruchsvollen Industriezweigen wie Flugzeugbau, Elektrotechnik, Computer- und Software-Produktion. Bangalore ist auch Sitz der Raumforschungs-Organisation ISRO. Eigene Satelliten im All kreisen zu lassen, ist einer der größten technologischen Triumphe der Inder. Schon seit 1988 umkreisen Himmelskörper „Made in India" die Erde.

Verkaufsentwicklung indischer Software in Mio. US-$

1985:	10
1995:	480
1997 (Plan):	1000

8

9

1 a) Beschreibe die Verteilung der Industriegebiete (Karte 5 und Atlas).
b) Welche Industriegebiete gab es schon zur Kolonialzeit? Begründe ihre Lage.

2 Atlasarbeit: Wo gibt es wichtige Rohstoffe in Indien?

3 Vergleiche die Auffassungen von Nehru und Gandhi zur Industrialisierung.

4 Erstelle eine Übersicht über die Phasen der industriellen Entwicklung in Indien von 1947 bis heute. Nutze dazu auch die Schlagzeilen (4) sowie die Texte (6) und (7).

5 Vergleiche die wirtschaftlichen Daten von Deutschland und Indien in der Strukturdatentabelle im vorderen Einband.

Indiens Computerspezialisten zählen inzwischen zur internationalen Spitzenklasse. Firmen wie Lufthansa und Swiss Air, Deutsche Bank und Siemens, lassen Software in Indien entwickeln oder nutzen indische EDV-Dienstleistungen per Standleitung und Satellit. Und das sind nicht die einzigen Erfolgsbranchen. Ein deutscher Manager schwärmt von Qualität und Preis indischer Werkzeugmaschinen. „Früher haben wir unsere Maschinen dorthin geliefert, heute machen wir unser Geschäft auch mit dem Import indischer Produkte."

7

Indien – ein vielfältiges Land

1 Protest gegen den Sardar-Sarovar-Damm

Entwicklungsprojekte

Entwicklung durch Zusammenarbeit mit dem Ausland: darum bemüht sich Indien schon seit Jahrzehnten. Doch wie soll diese Zusammenarbeit aussehen? Sind für Indien staatlich finanzierte, teure **Großprojekte** vorzuziehen? Oder sollte sich **Entwicklungszusammenarbeit** auf überschaubare **Kleinprojekte** konzentrieren, die von kirchlichen oder anderen nichtstaatlichen Hilfsorganisationen unterstützt werden?

Ein Beispiel für Großprojekte ist das Narmada-Staudamm-Projekt. Anhand der Materialien kannst du dich informieren und dir eine Meinung dazu bilden.

Das Narmada-Staudamm-Projekt
Sie sitzen nur da und warten, während der Damm den ungewöhnlich heftigen Regen des Sommermonsuns staut und die steigenden Fluten ihre Hütten verschlucken und mit sich reißen.

Gegen das Wasser können sich die knapp fünfzig Familien von Manibeli nicht wehren, doch ihren Widerstand gegen den Sardar-Sarovar-Damm kann niemand brechen: „Lieber ertrinken wir in unserem Dorf, als dass wir uns in die Ungewissheit treiben lassen", drohen die Unbeugsamen. Über 200 Freiwillige wollen bis zum Äußersten gehen, um die Flusslandschaft und ihre Heimat zu retten. Die mächtige indische Zentralregierung will das Narmada-Stauprojekt nun zumindest noch einmal überdenken. Fragt sich, wozu? Denn stoppen will sie es nicht.

Narmada. Der Name steht für eines der größten und umstrittensten Bewässerungsprojekte der Welt. 30 Großstaudämme, 135 mittlere und 3000 kleinere Staudämme sollen die Narmada und ihre Nebenflüsse stauen, ihr Wasser über 80 000 Kilometer Kanäle aus dem Herzen des indischen Subkontinents in die Dürregebiete des Westens leiten.

Trinkwasser für 30 Millionen Menschen sollen die Dämme liefern, Äcker für weitere 20 Millionen bewässern und 1200 Megawatt Strom erzeugen, der eine Million Arbeitsplätze schafft – ein Monument des nationalen Fortschritts. So sieht die Regierung in Neu-Delhi das Projekt.

Indische Kritiker und Experten aus aller Welt sind ganz anderer Meinung: Das Wasser werde die Regionen nicht erreichen, in denen es am dringendsten

3

Zur Arbeit mit dem Zeitungstext
[1] Lies den Text und verschaffe dir einen ersten Überblick über den Inhalt.
[2] Kopiere den Text. Markiere abschnittsweise die wichtigen Aussagen und suche Teilüberschriften.
[3] Kläre unbekannte Begriffe mit Hilfe eines Lexikons.

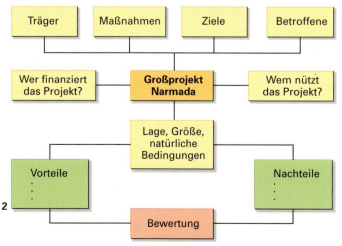

2

Indien – ein vielfältiges Land

Narmada-Staudammprojekt
- Ackerbau
- Trockensavanne
- Feuchter Monsunwald
- Narmada-Einzugsgebiet
- Staudamm

„Die bereits existierenden 1554 großen Bewässerungsprojekte Indiens bringen gerade 30 % ihres Plansolls. Wegen schlechter Planung und Wartung versickert der größte Teil des Wassers, Kanäle und Reservoirs versumpfen und versalzen, die Erosion wird beschleunigt. Wenn alles, was bisher gebaut wurde, tatsächlich funktionierte, könnte ein Fünftel mehr Land in Indien bewässert werden ohne dass ein einziger zusätzlicher Damm gebaut wird." Dennoch wird Narmada bis heute weitergebaut, obwohl sich die Weltbank als Geldgeber zurückgezogen hat und Indien das Projekt selbst finanzieren muss. Die Betroffenen werden weiterhin vertrieben. Inzwischen ist der Sardar-Sarovar-Damm schon über 100 m hoch.

gebraucht wird, befürchten sie. Nur die Städte, Industrien und großen Farmer würden davon profitieren. Auch die Weltbank, bis vor kurzem Ko-Finanzier, fällt in einer akribischen Untersuchung ein vernichtendes Urteil: Das Narmada-Projekt sei schlampig und ohne Daten über die ökologischen Auswirkungen geplant, außerdem zu teuer. Überdies verletze die Vertreibung der Adivasi, der Ureinwohner, die Menschenrechte. In der Tat haben Menschen für indische Entwicklungsstrategen bisher die geringste Rolle gespielt. Zwar war der Begriff „Umwelt" so gut wie unbekannt, als das Fünf-Milliarden-Mark-Projekt vor 25 Jahren abgesegnet wurde und Massenvertreibungen galten als unvermeidliches Opfer für den Fortschritt. Doch auch heute wird die Bevölkerung an der Narmada von Polizei aus ihren Dörfern vertrieben. Rund 240 000 Menschen sollen wegen der Stauseen und Kanäle ihre Heimat verlassen, eine der ursprünglichsten indischen Landschaften mit den besten Teakwäldern des Kontinents. Bloß wohin mit ihnen? Die Regierung hat neue Häuser und neues Land versprochen. Sie hat aber kein Geld für Entschädigungen und Land schon gar nicht.

Der Bargi-Damm ist Lehrstück für die Menschen von Manibeli: Vor zwölf Jahren wurde diese erste Staustufe an der Narmada gebaut und immer noch gibt es keine menschenwürdigen Häuser, keine Arbeit, keine Schulen, nicht einmal eine Versorgung mit dem Nötigsten. Das fruchtbare Land mussten die dort lebenden Adivasi gegen steinigen Boden tauschen, auf dem so gut wie nichts wächst. In alle Winde versprengt, droht mit dem Narmada-Projekt auch ihre Kultur unterzugehen.

Inzwischen scheint sich das Blatt zu wenden: Die Adivasi erhalten Beistand aus aller Welt: stärker noch setzt sich die Inderin Medha Patkar für sie ein. „Die Menschen", sagt Patkar, „müssen das Maß für jeden sozialen und politischen Wandel sein. Die Narmada-Planung geht auf ihre Kosten und vernichtet natürliche Ressourcen." Die einst herumgeschubsten Ureinwohner fordern nun selbstbewusst mehr Gerechtigkeit ein.

Neu-Delhi will aber unter allen Umständen weiterbauen. Dennoch bleibt Medha Patkar optimistisch: „In Zukunft wird in Indien ohne die Einbeziehung des Volkes nichts mehr laufen."

GABRIELE VENZKY

---

4 Informiere dich im Atlas und in der Karte (3) über die Lage und die Größe des Projektgebietes.

5 Erstelle ein Strukturschema, in dem die wesentlichen Aussagen übersichtlich dargestellt sind. Dabei kannst du entweder die Vorlage (2) benutzen oder ein eigenes Schema entwerfen.

6 Bewerte das Projekt. Beachte dabei auch den Text (4).

7 Weitere Möglichkeiten für gemeinsame Aktivitäten in der Klasse:
- Fertigt eine Wandzeitung zum Projekt.
- Führt ein Rollenspiel durch: Welche Positionen vertreten die Regierung, die Weltbank, die Urbevölkerung, die reichen Bauern, die Umweltschützer?

Indien – ein vielfältiges Land

Reifenreparaturbetrieb

Frauen warten auf Arbeit

Nach dem Großprojekt lernst du nun zwei **Kleinprojekte** kennen: eines für die Entwicklung im ländlichen Raum, ein anderes für bessere Lebensbedingungen in städtischen Slumvierteln.

8 a) Untersuche die Kleinprojekte (7) und (9) und notiere die Ergebnisse in Tabellenform:
b) Welche Überlegungen standen jeweils im Vordergrund?
c) Was spricht für derartige Projekte?
d) Bewerte die Projekte mit Hilfe der Tabelle (6). Nutze auch den Text (8).

Wir vergleichen verschiedene Projekte:
- Wer führt das Projekt durch?
- Welche Ziele werden verfolgt?
- Welche Maßnahmen werden durchgeführt?
- Was kostet das Projekt?
- Wem kommt das Projekt zugute?
- Wie können die Betroffenen mitwirken?
- Wird Selbsthilfe (Eigeninitiative) eingefordert?
- Ergebnisse?
- Wird die Umwelt geschont/belastet?

	Großprojekt	Kleinprojekt
Ausführende / Träger		
Ziele		
Maßnahmen		
Betroffene Gruppe		
Ergebnisse		

„Hilfe zur Selbsthilfe"
Ein MISEREOR-Projekt im Bundesstaat Bihar
„Adivasis haben eine Chance"
Die meisten Adivasi-Familien besitzen etwas Land, bis zu vier Hektar. Aber es ist meist steiniges Land auf den Höhen, das nur wenig Ertrag bringt. Das fruchtbare Land liegt in den Tälern. Gelegentlich besitzt eine Adivasi-Familie dort einen halben Hektar. Der Bodenertrag reicht nicht aus, die Familie zu ernähren. Um ihnen dennoch eine Existenz zu ermöglichen, eröffneten indische Jesuiten mit Unterstützung der Hilfsorganisation Misereor 1977 ein handwerkliches Ausbildungszentrum. Seitdem konnten dort bis Mitte 1992 etwa 3400 Jugendliche ohne Schulabschluss lernen, wie man Werkzeuge und einfache Elektronikteile herstellt, Radios, Fahrräder und Dieselpumpen repariert, Autos und Traktoren wartet, einfache Häuser und Straßen baut... Die Ausbildungsdauer ist kurz; sie beträgt nur drei Monate und beschränkt sich auf das Notwendigste. Damit wird verhindert, dass junge Handwerker überqualifiziert werden und in die Städte abwandern. 88 Prozent der so Ausgebildeten kehren in ihre Dörfer zurück. Etwa 60 Prozent eröffnen nach den bisherigen Erfahrungen später eine eigene kleine Werkstatt, 20 Prozent finden Arbeit in einem Handwerksbetrieb. Im nächsten Schritt soll nun versucht werden, indische Trainees auszubilden, die dann die Ausbildung übernehmen können. Basis sollen kleine dörfliche Handwerkerverbände sein, von denen es im Chotanagpur-Gebiet bereits zwölf gibt.

9 Vergeiche nun das Narmada-Projekt (3) und das Adivasi-Projekt (Text 7).
10 Beantworte die Frage: Großprojekte oder Kleinprojekte für Indien? Begründe deine Meinung.
11 „Entwicklung heißt lernen – für die Menschen, die Hilfe brauchen, aber auch für jene, die Hilfe bringen." Erläutere dies anhand der Projektbeispiele.

Indien – ein vielfältiges Land

Ein gelungenes Entwicklungsprojekt soll
- Arbeits- und Verdienstmöglichkeiten der ärmsten Bevölkerung verbessern,
- auch deren übrige **Grundbedürfnisse** wie Gesundheit und Bildung berücksichtigen,
- alle Betroffenen, besonders aber auch die **Frauen,** aktiv einbeziehen,
- das Selbstbewusstsein und die Verantwortungsbereitschaft der Betroffenen stärken,
- zur **Selbsthilfe** anregen und befähigen,
- vor allem landeseigene Ressourcen nutzen und mit einfachen, lokal angepassten Methoden arbeiten,
- die Umwelt schonen,
- möglichst viele Menschen erreichen, vor allem die am meisten benachteiligten.

10

Mahatma Gandhi: „Das wahre Wohlergehen eines Volkes lässt sich nicht am Wachstum der industriellen Produktion oder an Exporterlösen messen, sondern an der Frage, ob alle Menschen so viel erzeugen oder verdienen, dass sie ein menschenwürdiges Dasein führen können."

11

„Hilfe zur Selbsthilfe"
Ein „Brot für die Welt"-Projekt in Bombay
„Annapurnas selbstbewusste Töchter"

Die von „Brot für die Welt" geförderte Selbsthilfe-Initiative „Annapurna Mahila Mandil" wurde schon 1975 in Bombay gegründet. Heute gehören ihr über 25 000 Slumbewohnerinnen an und noch mehr werden von ihren Aktivitäten erreicht.
Frau Banubei, ein Mitglied dieser Frauen-Kooperative, berichtet: „Als ich nach dem Unfall meines Mannes nicht mehr weiter wusste, habe ich hier einen Kredit bekommen. Das war meine Rettung, denn damit konnte ich mir eine Erwerbsmöglichkeit aufbauen und zum Einkommen der Familie beitragen." Wie die meisten der 25 000 Kreditnehmerinnen beköstigt Frau Banubei Industriearbeiter in den Fabriken der Umgebung: Männer, deren Familien noch auf dem Land leben und die auf ein preisgünstiges Essen angewiesen sind. Sie bringt ihnen täglich zwei Mahlzeiten an den Arbeitsplatz. Sie kocht für zehn, andere Frauen sogar für bis zu 30 Kunden. Neben den Fabriken werden auch die umliegenden Büros, Krankenhäuser und Banken mit kleinen Gerichten und Snacks beliefert.
Die Zentrale zeigt ihnen, wie sie mehr Abwechslung in den Speiseplan bringen können. Sie stellt den Frauen Gesundheitsdienste, eine Kinderkrippe, Beratung in Rechtsfragen, Alphabetisierungskurse und Ausbildungslehrgänge für handwerkliche Fertigkeiten zur Verfügung. Sie vermittelt Bankdarlehen und vergibt selbst Kredite an Frauen in schwieriger Familiensituation, an Witwen oder verlassene Mütter. Die Arbeit in der Zentrale und in den über 18 Stadtteile verstreuten Gruppen wird heute von den Betroffenen selbst verantwortet und getragen. Hier lernen die Frauen Selbstvertrauen und Solidarität. Daraus entsteht langsam auch ein Bewusstseinswandel. „Sie denken heute zweimal nach, bevor sie einem Mitgiftvertrag für eine Tochter zustimmen. Eine Kastengrenzen überschreitende Ehe wird für sie allmählich vorstellbar. Sie öffnen sich der Familienplanung und setzen sich gegen Unrecht zur Wehr, weil sie Moral und gesetzliche Unterstützung auf ihrer Seite wissen", sagt Frau Prema Purao, die Gründerin der Organisation.

Nützliche Adressen

Bundesministerium für wirtschaftliche Zusammenarbeit und Entwicklung, Friedrich-Ebert-Allee 114–116, 53113 Bonn

Brot für die Welt, Stafflenbergstr. 76, 70184 Stuttgart

Deutsche Welthungerhilfe, Adenauerallee 134, 53113 Bonn

Misereor, Mozartstr. 9, 52064 Aachen

UNICEF, Höninger Weg 104, 50969 Köln

Indienhilfe, Luitpoldstr. 20, 82211 Herrsching

TERRA Orientieren und Üben

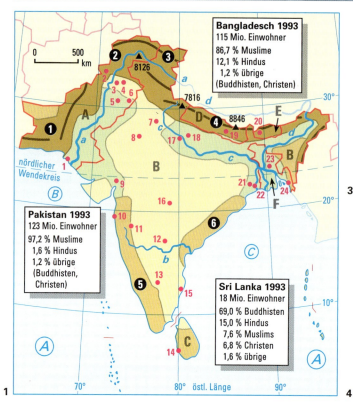

1 Karte (1): Ordne den Zahlen und Buchstaben die richtigen Namen zu.
Staaten: A = ; Städte: 1 = ; usw.

2 Vergleiche die Religionsgliederung der genannten Länder mit jener von Indien (Seite 33). Welche Probleme ergeben sich?

3 a) Zeichne ein Profil von Cochin nach Darjeeling und beschrifte es.
b) Beschreibe die Großlandschaften.
c) Ordne die Fotos (2) bis (4) in das Profil ein und begründe die Zuweisung.

4 Kerala gilt oft als Vorbild bei der Lösung von Entwicklungsproblemen in Indien. Erläutere dies anhand der Tabelle (5).

Die andere Politik des Bundesstaates Kerala (Indien)

Gleichberechtigung Stadt/Land — Vorrang für Bildung und Gesundheit
→ **Verbesserung der Lebensverhältnisse** ←
konsequente Landreform — verbesserte Stellung der Frauen

Vergleich Kerala = Indien (gesamt)

	Kerala	Indien
Pro-Kopf-Einkommen Dollar	250	350
Bevölkerungsdichte Einwohner pro km²	655	242
Arme Anteil an Gesamtbevölkerung	27%	48%
Säuglingssterblichkeit pro 1000 Lebendgeborenen	26	94
Frauenalphabetisierung	66%	34%
Geburtenrate durchschnittliche Kinderzahl	2,6	4,2

Indien – ein vielfältiges Land

Genbanken für Indien
Die indische Wissenschaftlerin Vandana Shiva gründete 1989 die Nardanay-Stiftung als Antwort auf den Vormarsch weltweit patentierter Getreidesorten. Gerade die Armen in der „Dritten Welt" geraten in immer größere Abhängigkeit von teurem Saatgut und dem hierfür notwendigen Chemieeinsatz. Mit den Genbanken einheimischer Sorten von Getreide, Hülsenfrüchten und Ölsaaten leistet die Stiftung einen wichtigen Beitrag für eine umweltschonende, von importierter Technik weitgehend unabhängige Landwirtschaft. 1995 erhielt Frau Shiva für den Aufbau von Genbanken für einheimisches Saatgut den „Alternativen Nobelpreis" in Stockholm.

5 Werte die Grafik (6) und den Text (10) aus. Schreibe dann einen Kurzbericht über die Situation der Frauen in Indien. Verwende dazu auch die übrigen Aussagen des Indienkapitels, vor allem der Seiten 42/43.
6 Indien, ein Land alter Hochkulturen: Was fällt dir dazu ein (Text 9)? Welcher Religion lässt sich das Foto (11) zuordnen?

Begegnungen in Indien
Jeder Indienreisende berichtet von offenen Blicken, Menschen, die häufig lachen, von der Geselligkeit und Freundlichkeit vieler – auf der Straße und auf dem Markt, bei der Arbeit wie im Tempel. Wer dort als Ausländer das Alltagsleben betrachtet, meint schnell, er käme aus dem Land der Ernsthaftigkeit und Sorgen – zu Menschen, die hoffnungsvoll und lebensfroh scheinen. Alltag in Indien ist getragen von einer positiven Grundeinstellung des Kampfes ums Überleben oder um bessere Arbeitsbedingungen, der täglich neuen Kraftanstrengungen, der Akzeptanz und vielfach sogar der Zufriedenheit mit dem Erreichten. Es ist ein Bemühen um Zurechtkommen mit den Gegebenheiten und ein Genießen noch so kleiner Freuden, eine Lebenseinstellung – geborgen im Halt einer großen Familie und Gemeinschaft und im tief verehrten religiösen System, dem Reich der guten und gefürchteten Gottheiten.

8

Indien ist mitten unter uns
Indische Gelehrte schufen die Grundlagen der modernen Mathematik. Sie entwickelten das Dezimalsystem und führten die Null ein. Arabische Mathematiker und Kaufleute übernahmen die indischen Rechenkenntnisse und machten sie in Europa bekannt. Auch das Schachspiel stammt aus Indien: Es ist ein Abbild der traditionellen indischen Kampfesordnung auf dem Schlachtfeld. Ferner kamen viele Pflanzen und Tiere im Laufe des 3000 Jahre alten Handels zwischen Indien und dem Mittelmeerraum zu uns. Ein Beispiel hierfür ist das Haushuhn.
Mit einem großen Teil der Inder haben wir auch die indo-germanische Abstammung gemeinsam. Sprachähnlichkeiten zwischen der altindischen Hochsprache Sanskrit und dem Altdeutschen belegen das (Sanskrit: atman, Deutsch: Atem).

9

7 „Indien verstehen" – eine schwierige Aufgabe. Sprecht über den Text (8).

Ein Mann ging mit einem Korb voller Kürbisse zum Markt, um sie dort zu verkaufen. Auf dem Weg fragte ihn jemand:
„Wessen Früchte verkaufst du da?"
„Meine natürlich", antwortete der Bauer.
„Wer hat sie ausgesät?"
„Meine Frau."
„Wer hat sie gegossen und das Unkraut gejätet?"
„Sie, wer sonst?"
„Und wer hat die Früchte geerntet?"
„Nun, sie macht all diese Arbeiten!"
„Ja, warum sind dies aber deine Kürbisse?"
„Nun, sie ist meine Frau!"

10

Die „Niederkunft" des Ganges: Felsenrelief bei Madras

11

55

Chinas eigener Weg

1 Bevölkerungsverteilung
Ein Punkt stellt 1 000 000 Einwohner dar.

Was wisst ihr über China?

Habt ihr von der Chinesischen Mauer gehört? Sie sollte früher das Land vor Feinden schützen; heute wird sie von Touristen besichtigt.

Was wisst ihr über die Menschen in China? In China leben mehr Menschen als in den USA oder in Europa, mehr als in jedem anderen Land der Erde. Leben die Chinesen so ähnlich wie wir? Wer China besucht, macht sofort eine Entdeckung: Es gibt nur wenige Autos. Viele Chinesen fahren mit der Bahn. Und es gibt riesige Mengen Fahrräder. Vor allem in den Städten ist das Fahrrad ein wichtiges Verkehrsmittel.

Die folgenden Kapitel sollen euch helfen die Entwicklungen in China besser zu verstehen. Achtet auf Nachrichten in den Zeitungen. Wirtschaft und Gesellschaft in China verändern sich rasch.

 4

 5

57

Chinas eigener Weg

Schulklasse in Shanghai

2

Über eine Milliarde Chinesen

Hungersnöte, Naturkatastrophen und Kriege hielten jahrhundertelang die Zunahme der chinesischen Bevölkerung in Grenzen. Erst nach 1949 begann das explosionsartige Wachstum. Heute leben in der Volksrepublik über eine Milliarde Menschen. Mehr als die Hälfte davon ist jünger als 25 Jahre. In den nächsten Jahren werden 360 Millionen Menschen neue Familien gründen. Um nicht alle wirtschaftlichen Fortschritte zu gefährden, beschloss die Partei, Chinas Be-

Bevölkerungsentwicklung in China 1680 bis 1995

1680	100 Mio. Einw.
1760	200 Mio. Einw.
1850	400 Mio. Einw.
1900	425 Mio. Einw.
1930	420 Mio. Einw.
1950	560 Mio. Einw.
1970	790 Mio. Einw.
1980	1000 Mio. Einw.
1990	1115 Mio. Einw.
1995	1200 Mio. Einw.

1

Chinas verbotene Kinder

Im Gegensatz zu der altchinesischen Weisheit, „Viele Kinder, großes Glück", wird heute auf Plakaten, Parteitagen und sogar in Popsongs die Parole, „Ein-Kind-Familie: Dein Glück und Chinas Glück", verkündet. Die Chinesen – ein Volk ohne Geschwister.

Der Grund für die radikale Forderung liegt in einer nüchternen Überlegung der Partei: Zwischen 1912 und 1949 wuchs die Bevölkerung Chinas von 406 auf 542 Millionen, zwischen 1949 und 1980 jedoch von 542 Millionen auf eine Milliarde. Wenn sich die Bevölkerung weiterhin so explosionsartig vermehrt, „verhungern in wenigen Jahren hier die Menschen auf den Straßen wie in Indien und Afrika".

„Obwohl das Einzelkind für Familie und Ehe ein großer Nachteil ist, wollen wir lieber ein sattes Kind als zwei hungernde", erzählt eine junge Frau in Wuhan. Schließlich sei „es nicht nur ein Ernährungsproblem, das uns hierzu zwingt", sagt ein junger Mann in Tschungking. „Wir leiden unter Platz- und Wohnungsnot."

Aber nicht nur wegen der Wohn- und Ernährungsprobleme wollen die Planer das Bevölkerungswachstum bremsen. „Anstatt Geld in immer neue Ausbildungsinstitute zu stecken, wollen wir mehr in Industrieanlagen investieren." Schließlich soll die Ein-Kind-Familie im Kampf gegen die wachsende Jugendarbeitslosigkeit helfen. Das Land hat nicht nur Schwierigkeiten, die Bäuche zu füllen, sondern auch Hirn und Hände zu beschäftigen. Da muss das kinderliebende Herz zurückstecken.

3

Chinas eigener Weg

völkerung bis zum Jahre 2000 auf höchstens 1,2 Milliarden Menschen zu begrenzen. Sie verordnete die Ein-Kind-Familie.

Eltern, die den Anweisungen der Partei folgen, erhalten Kindergeld, Lohnerhöhungen, zusätzlichen Urlaub und eine bessere Altersversorgung. Sie werden bei der Zuteilung von Land, Wohnungen und Arbeitsplätzen bevorzugt. Ihre Kinder sind bei der Aufnahme in Schulen oder bei der Berufsausbildung begünstigt. Eltern, die dagegen verstoßen, verlieren das Kindergeld. Sie erhalten Lohnabzüge oder Geldstrafen und müssen in kleinere Wohnungen umziehen.

Die Erfolge dieser Politik zeigten sich in den großen Städten. Viele junge Ehepaare verzichten heute zugunsten eines höheren Lebensstandards auf Kinder. Auf dem Lande dagegen nehmen die Bauern lieber Nachteile in Kauf, um dafür mehr Kinder zu haben, besonders, wenn das erste Kind ein Mädchen war. Die Angehörigen nationaler Minderheiten waren ursprünglich ganz von der Geburtenkontrolle ausgenommen. Seit 1990 gibt es auch für sie Einschränkungen.

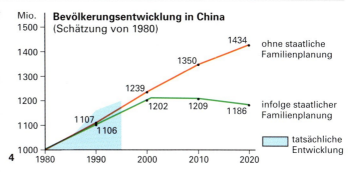

4

„Zwar gelang den Chinesen innerhalb von nur dreißig Jahren, wofür die meisten europäischen Industrieländer mehr als ein Jahrhundert brauchten: nämlich der Übergang zu niedrigen Geburtenraten und niedrigen Sterberaten. Zwar wächst deshalb heute die Bevölkerung nur noch um jährlich 1,3 Prozent. Doch 1,3 Prozent von 1,2 Milliarden ergeben 16 Millionen Menschen, die jedes Jahr zusätzlich das Land bevölkern. Zu viele Menschen – das ist das Problem, das China zum Verhängnis werden könnte."

5

6 Chinesische Ein-Kind-Familie

1 Beschreibe anhand der Tabelle (1) das **Bevölkerungswachstum** in China. In welchen Zeiträumen hat sich die Einwohnerzahl seit 1680 jeweils verdoppelt?

2 Mao sagte 1949: „Von allen Dingen in der Welt sind die Menschen das kostbarste." Bis in die 70er-Jahre verurteilte die Partei jede Geburtenkontrolle. Der Text (3) nennt Gründe, warum diese Haltung seit 1979 geändert wurde.

3 Werte die Abbildung (4) aus.

4 Vergleiche die Ziele der Bevölkerungspolitik mit dem aktuellen Stand (1), der Vorhersage (4) und der Zeitungsmeldung (5).

5 Warum ist die chinesische Bevölkerungspolitik umstritten?

6 Welche Folgen hat das Wachstum für die Ernährung und für die Umwelt?

Chinas eigener Weg

1 Dorf bei Nanchang in der Provinz Jiangxi

100 Millionen Hektar Ackerland

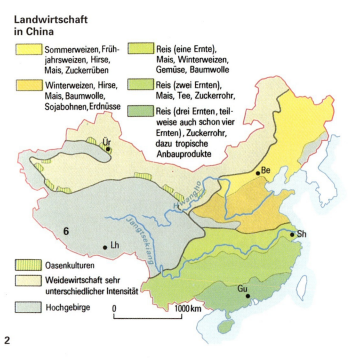

Landwirtschaft in China

- Sommerweizen, Frühjahrsweizen, Hirse, Mais, Zuckerrüben
- Winterweizen, Hirse, Mais, Baumwolle, Sojabohnen, Erdnüsse
- Reis (eine Ernte), Mais, Winterweizen, Gemüse, Baumwolle
- Reis (zwei Ernten), Mais, Tee, Zuckerrohr
- Reis (drei Ernten, teilweise auch schon vier Ernten), Zuckerrohr, dazu tropische Anbauprodukte
- Oasenkulturen
- Weidewirtschaft sehr unterschiedlicher Intensität
- Hochgebirge

2

China ist ein Land mit vielen Gesichtern. Welche Unterschiede bestehen doch zwischen der baumlosen, weithin menschenleeren mongolischen Steppe und den undurchdringlichen Tropischen Regenwäldern im Bergland von Yünnan oder zwischen dem Hochland von Tibet mit seinen schneebedeckten Gebirgen und dem südchinesischen Tiefland am Hsikiang: Dorf an Dorf gereiht, jeder Quadratmeter intensiv genutztes Reisland, kein Feldrain unbebaut, jeder Baum mit Überlegung gepflanzt als Obstlieferant oder Windschutz; dazu ein Netz von Kanälen, Dämmen und Schleusen, deren Bau und Instandhaltung ein höchstes Maß an Mühe und ständige Arbeit erfordern.

Trotz der räumlichen Vielfalt hat die Natur dem Menschen seit jeher enge Grenzen gesetzt. Nur zehn Prozent des Staatsgebietes sind ackerbaulich nutzbar. Der Rest ist zu gebirgig, zu kalt oder zu trocken. Um so erstaunlicher ist es, dass China dennoch seine Milliardenbevölkerung weitgehend ernähren kann.

Chinas eigener Weg

China lässt sich grob in den feuchten Osten und den trockenen Westen gliedern. Der feuchte Osten liegt während des Sommers im Einflussbereich des Regen bringenden SO-Monsuns. Im Winter herrschen trockene, kalte Winde aus dem Landesinnern vor. Das Tsinling-Gebirge trennt den feuchten Osten nochmals in zwei Räume. Nördlich dieser Klimascheide liegt das „Gelbe China". Wichtigste Anbaufrucht ist hier der Weizen. Fruchtbare Löss- und Schwarzerdeböden bieten günstige Voraussetzungen für den Ackerbau. Das Klima erzwingt jedoch eine winterliche Anbaupause. Außerdem gefährden häufig Dürren sowie plötzliche Überschwemmungen die Ernte. Seit alters her ist der Bauer daher auf die Nutzung und Bändigung der Flüsse angewiesen.

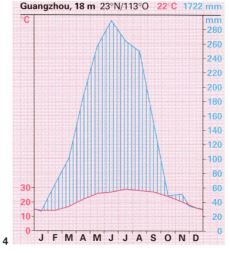

4

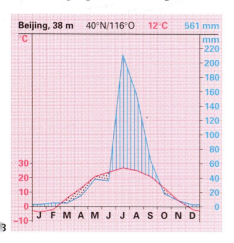

3

Südlich der Klimascheide des Tsinling, im „Grünen China", herrscht subtropisches Klima, im äußersten Süden sogar tropisches Klima. Hier dominiert der Anbau von Reis. Reichliche Niederschläge und eine ganzjährige Wachstumsperiode garantieren gute Erträge, die durch Bewässerung noch vervielfacht werden können. In den Bergländern schränken allerdings ausgelaugte und zu stark geneigte Böden die Landnutzung ein.

1 Wo ungefähr verläuft die Grenze zwischen dem feuchten und dem trockenen China? (Karte 2 und Atlas)

2 Wie unterscheiden sich die Anbaubedingungen im „Gelben China" und im „Grünen China"? Berücksichtige Klima (Diagramme 3, 4), Böden, Oberflächenformen.

3 Auch der trockene Westen lässt sich in zwei unterschiedliche Teile gliedern:
a) Zeichne je ein Klimadiagramm von Ürümqi (Tabelle 6) und Lhasa (Klimatabelle im Anhang).
b) Durch welche Klimamerkmale lassen sich beide Räume kennzeichnen?

4 Ordne die Fotos (1, 5) der Karte (2) zu und beschreibe die Landnutzung.

5 Vergleiche Landnutzung (Karte 2) und Bevölkerungsverteilung (Karte Seite 56) in China.

Klimawerte für Ürümqi (913 m ü.NN)

	T (°C)	N (mm)
Jan.	–16	6
Febr.	–14	15
März	– 4	15
April	9	33
Mai	18	25
Juni	21	33
Juli	24	16
Aug.	22	35
Sept.	17	15
Okt.	6	47
Nov.	– 6	22
Dez.	–13	11
Jahr	5	273

6

Im Hochland von Tibet, nördlich von Lhasa

5

Chinas eigener Weg

Zur Entstehung des Löss im chinesischen Lössbergland
Der Löss wird seit Jahrtausenden als Flugstaub von nordwestlichen Winden aus den Trockengebieten Innerasiens ausgeweht und im Lössbergland abgelagert. Die Lössschichten sind dort bis zu 300 m mächtig. Der Boden, der sich auf Löss bildet, ist nährstoffreich und fruchtbar. Da er zudem locker und porös ist, kann er gut Wasser speichern und leicht bearbeitet werden.

1

Der Gelbe Fluss

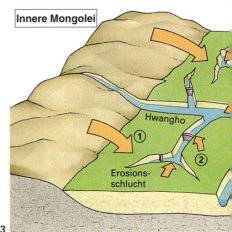

3

„Viele Besucher fragen mich", erzählt der Wasserbauingenieur Jü aus Zhengzhou, „warum die Deiche so weit weg vom Fluss errichtet sind. Am 17. Juli 1953 hätte das keiner gefragt! Damals regnete es schon tagelang. Auch die Wetterstationen flussaufwärts meldeten Regen, Regen. Wir wussten, was uns erwartet! Die Wassermassen im Fluss schwollen an und reichten schon bald bis an die Deiche. An besonders gefährdeten Abschnitten hatten wir alle zwei Meter einen Arbeiter postiert. Aber es half nichts. An fünf Stellen schwappte das Wasser über die Deichkrone. An einigen Stellen brachen die Deiche. Das Wasser ergoss sich nun weithin über das Land und verwüstete Dörfer und Felder. Viele Menschen ertranken; die Ernte war zerstört. Und doch können wir froh sein, dass es nicht so schlimm wurde wie 1852, als der Gelbe Fluss seinen Lauf völlig verlegte und Millionen Chinesen in der Großen Ebene ertranken."

Allein zwischen 1368 und 1948 wurden 387 verheerende Überschwemmungen am Hwangho registriert.

2

Der Hwangho, der Gelbe Fluss, wird als Segen und Fluch Chinas bezeichnet. Bevor er die Große Ebene erreicht, fließt er in einer weiten Schleife durch das Lössbergland. Da der Lössboden gut zu bearbeiten ist und hohe Erträge liefert, entstand hier einer der frühesten Kulturräume Chinas. Die ursprünglich als Weideland genutzten Flächen wurden aufgrund der schnell ansteigenden Be-

Chinas eigener Weg

chen ihn zum schlammreichsten Fluss der Erde.

Mit dem Eintritt in die Große Ebene verringert sich die Fließgeschwindigkeit des Hwangho. Große Mengen Schlamm werden abgelagert. Im Uferbereich, wo die Fließgeschwindigkeit am geringsten ist, entstehen natürliche Dämme. Man bezeichnet den Hwangho deshalb als **Dammuferfluss**. Sein Flussbett liegt sogar einige Meter höher als die Große Ebene. Bevor die Bewohner der Großen Ebene die Dämme durch künstliche Deichbauten verstärkten, kam es immer wieder zu Dammbrüchen. Innerhalb der letzten 3000 Jahre wurde der Lauf des Hwangho dadurch 26-mal völlig verändert. So wurde die gesamte Große Ebene im Laufe der Zeit mit fruchtbarem Schwemmlöss überzogen.

Um den Fluss unter Kontrolle zu bringen, baute man im Bereich des Lössberglandes 46 hintereinander angeordnete Staudämme.

Nun ergab sich ein neues Problem: Die Hochwasserwellen des Hwangho werden zwar abgefangen, aber die Staubecken füllen sich immer mehr mit Schlamm. Schon jetzt lässt sich absehen, dass die Becken bald ihren Zweck nicht mehr erfüllen können. Nur eine Verringerung der Schlammfracht kann dies verhindern. Das heißt wiederum, dass umfangreiche Maßnahmen im Lössbergland eingeleitet werden müssen, um dort die Bodenerosion einzudämmen.

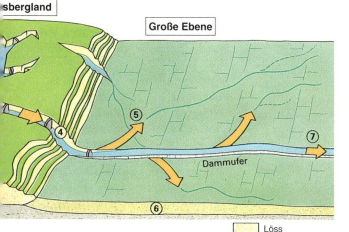

Dammuferfluss mit natürlichen Dämmen und nach der Eindeichung

völkerungszahl in Ackerland umgewandelt. Schließlich legten die Bauern selbst an steilen Hängen Ackerterrassen an. Doch der Löss ist sehr locker. Fehlt die Vegetation, so kann er von Wasser und Wind leicht abgetragen werden. **Bodenerosion** ist die Folge. Milliarden Tonnen Löss werden jährlich abgeschwemmt und gelangen in den Hwangho. Sie verleihen ihm seine gelbe Farbe und ma-

Löss
Schwemmlöss
Lösstransport
Staudamm
Ackerland
Ackerland, Bewässerungsfeldbau
ehem. Flusslauf

1 Ordne die Zahlen in der Abbildung (3) den im Text beschriebenen Vorgängen am Hwangho zu.

2 Beschreibe das Foto (1). Wo könnte es aufgenommen sein?

3 Warum können sich bei Dammuferflüssen verheerende Überschwemmungskatastrophen ereignen?

4 Welche Maßnahmen könnten die Bodenerosion im Lössbergland eindämmen?

5 Erkläre, weshalb der Hwangho als Segen und als Fluch gesehen wird.

Chinas eigener Weg

Reformen auf dem Lande

Kollektivierung
1949: Bodenreform. Enteignung der Grundbesitzer. Landverteilung an Kleinbauern und Pächter.
1954–1957: Kollektivierung. Gründung landwirtschaftlicher Produktionsgenossenschaften. Bauern behalten ein kleines Stück privates Hofland und Nutzvieh zur Selbstversorgung.
1958–1960: „Großer Sprung nach vorn." Gründung der Volkskommunen (private Landwirtschaft wird verboten; Bauern arbeiten im Rahmen staatlicher Wirtschaftspläne); das Vorhaben scheitert: Mehr als 20 Mio. Chinesen verhungern.
1961–1965: Partei setzt auf verbesserte Anbaumethoden und Mechanisierung. Wiedereinführung von privatem Hofland.

Ein altes chinesisches Sprichwort sagt: „China geht es gut, wenn seine Bauern lächeln." Dies gilt bis heute, denn noch immer leben etwa drei Viertel aller Chinesen, das sind rund 900 Millionen Menschen, auf dem Lande. Die älteren unter ihnen haben in den letzten Jahrzehnten vieles durchgemacht.

Bodenreform 1949–1952
Mehr Land für Bauer Li
Nach der Gründung der Volksrepublik 1949 versuchte die Kommunistische Partei zunächst die Probleme von Armut, Hunger und Ausbeutung durch eine Bodenreform zu lösen. Das Land der reichen Grundbesitzer wurde an die vielen armen Bauern und landlosen Arbeiter verteilt.
Li Tschan-yuan war einer der vielen Kleinbauern. Er lebte in einem Dorf bei Beijing mit Frau, Sohn, Tochter, Schwiegertochter und zwei Enkelkindern. Li war ein Meister der Kürbiszucht. Auf einem Mu Land erntete er 11 000 Kilogramm Kürbisse (1 Mu ist 1/15 Hektar). Er besaß 7 Mu Land. Davon musste sich die Familie ernähren. Vor der Bodenreform waren es nur 4 Mu gewesen. Die enteigneten Grundbesitzer hatten vor der Reform 100 Mu und mehr.

2

Kollektivierte Landwirtschaft 1953 – 1978
Familie Liu in der Volkskommune Immergrün
Schon wenige Jahre nach der Landaufteilung wurden die vielen kleinen Betriebe zu Produktionsgenossenschaften und diese später zu Volkskommunen zusammengelegt. In den Volkskommunen waren das Land und andere Produktionsmittel im Gemeineigentum, die Produktion richtete sich nach den staatlichen Wirtschaftsplänen, die Menschen arbeiteten gemeinsam in Produktionsbrigaden und Produktionsgruppen.
Eine von ihnen war die „Volkskommune Immergrün" bei Beijing. Sie umfasste 140 Dörfer, 7260 ha Land, davon 2667 ha Ackerflächen, 43 000 Menschen (davon 20 000 Arbeitskräfte), Schulen, Krankenhäuser und mehrere Fabriken.
1978 verdiente die Familie Liu über 2000 Yuan, etwa 170 Yuan im Monat. Sie gab monatlich 60–70 Yuan für den Lebensunterhalt aus. Das Haus hatte 2600 Yuan gekostet. Nun wurde für die Hochzeit eines Sohnes und für einen Fernseher gespart. Die Einkommen von Immergrün waren überdurchschnittlich. Obst und Gemüse brachten mehr ein als Getreide.
Den höchsten Ertrag für die Volkskommune erwirtschafteten die Fabriken.

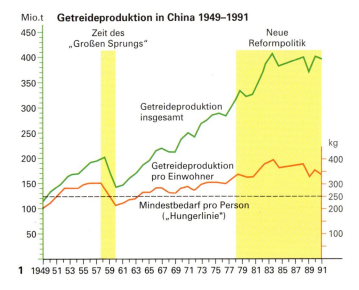
1

Chinas eigener Weg

"Täglich ziehen ganze Kolonnen von Bauern in die Städte und lassen sich dort auf den Bürgersteigen nieder, um ihr Gemüse und ihre Eier feilzubieten, die frischer sind als die in den staatlichen Läden. Sie machen mit diesem Handel ein einträgliches Geschäft. Vor wenigen Jahren noch hätten all diese Menschen ihre Kommunen nicht verlassen können, ihre Produkte nicht verkaufen, ja, nicht einmal ein paar Kohlköpfe an den Ufern eines Kanals pflanzen dürfen, weil persönliche Nutzung des Bodens als kapitalistisch galt. Heute werden solche Aktivitäten gefördert." 3

2 Privat bewirtschaftete Reis- und Gemüsefelder bei Guilin, Südchina

4 Drei Viertel der Gemüseproduktion werden auf dem freien Markt verkauft

Vertragsgebundene Selbstverantwortung ab 1979
Zhou nutzt die neuen Freiheiten

Grundlegende Reformen folgten ab 1979. Die Produktion wurde in eigener Verantwortung möglich. Die Volkskommunen wurden bis 1985 aufgelöst. Ihre Verwaltungsaufgaben haben die Gemeinden übernommen. Für die Landwirtschaft gilt nun:
– Boden und viele Produktionsmittel bleiben Gemeineigentum;
– sie werden von Genossenschaften verwaltet;
– Familien verpflichten sich zu bestimmten Lieferungen an die Genossenschaften;
– sie zahlen Steuern und Sozialabgaben;
– sie dürfen frei verkaufen, was sie an Überschüssen oder im Nebengewerbe produzieren.

Zhou Xiangrong in der Gemeinde Tangxing (bei Shanghai) bearbeitet ein „Verantwortungsfeld" von 5 Mu. Er nutzt es zum Anbau von Getreide, Baumwolle, Raps und Knoblauch. Außerdem züchtet er langhaarige Kaninchen. Sie sind sehr gefragt. Ein Tier, das er 1985 in Shanghai ausstellte, lieferte 350 g Haare und brachte 500 Yuan. Als Zhou und seine Frau noch in der Volkskommune arbeiteten, bekamen sie im ganzen Jahr 800 Yuan für die Landarbeit.

Jetzt verdienen sie allein durch ihr Nebengewerbe, die Kaninchenzucht, 5000 Yuan im Jahr. Die Familie hat sich einen Fernseher, eine Nähmaschine und zwei Fahrräder gekauft und den Weg zum Haus betoniert.

1 Beschreibe am Beispiel der drei Familien die Veränderungen in der chinesischen Landwirtschaft.
2 Chinas Bauern sagen heute: „Die Einführung der vertragsgebundenen Selbstverantwortung ist ein Wundermittel zur Behandlung von Armut." Erkläre diese Aussage.
3 Neuerdings plant man, dass Bauern ihre Landnutzungsrechte auch an andere Dorfbewohner abtreten können. Was wird damit wohl beabsichtigt?

Abwendung von der Kollektivierung
1978: Grundlegende Reform der Landwirtschaft.
Ab 1979: Vertragsgebundene Landwirtschaft: Ehemaliges Kommuneland bleibt Eigentum des Kollektivs. Es wird den Bauern zur privaten Nutzung übergeben (dafür: Ernteabgaben und Steuern für Gemeinschaftsaufgaben). Überschüsse werden auf freien Märkten selbst verkauft; Preis nach Angebot und Nachfrage.

Industrie in China

Wie in der Landwirtschaft griff die Regierung mit ihrer Planwirtschaft auch in die Industrie des Landes ein. Ihr Ziel war, außer den bereits vorhandenen industriellen Zentren im Osten des Landes, auch die anderen Teilräume zu industrialisieren.

Kennzeichen kommunistischer Industriepolitik:
– kein persönliches Eigentum an Produktionsmitteln (Maschinen, Fabriken)
– Betriebe werden von staatlichen Planungsämtern zentral gelenkt (Fünfjahrespläne regeln das Wirtschaftsgeschehen)

Beginn der Planwirtschaft 1953–1957:
Die Schwerindustrie wurde die Grundlage der Entwicklung im **Binnenraum**. Mit Hilfe der ehemaligen Sowjetunion wurden dort, wo schon Industrieanlagen vorhanden waren, Großprojekte wie das Eisen- und Stahlkombinat Wuhan errichtet. Das Ziel war, Chinas riesige Rohstoffvorkommen zu nutzen.

„Der große Sprung nach vorn" 1958–1978:
Die sowjetische Hilfe wurde nach politischen Auseinandersetzungen eingestellt. China musste aus eigener Kraft „den großen Sprung nach vorn" schaffen. Obwohl viele Kleinbetriebe in den Volkskommunen und Städten errichtet wurden, verschlechterte sich die gesamtwirtschaftliche Situation immer mehr. Die industrielle Produktion war viel zu gering. China verschloss sich in diesem Zeitraum dem Weltmarkt.

Reformen in der Industrie seit 1979:
Nach Maos Tod 1976 trat sein Nachfolger mit dem Vorsatz an, China zu einer modernen Industrienation zu machen. Die Leichtindustrie wurde stärker unterstützt, da China noch immer schlecht mit Konsumgütern versorgt war. Die Planwirtschaft blieb bestehen, allerdings mit einem „Verantwortlichkeitssystem in der Industrie". Dieses verpflichtet die Leiter der Staatsbetriebe in Eigenverantwortung zu planen, zu produzieren sowie Löhne und Prämien festzusetzen. Auch Privatbetriebe aller Art durften gegründet werden.
China öffnete sich wieder dem Weltmarkt. 19 Küstenstädte wurden für ausländische Beteiligungen geöffnet.
Seit 1985 bauen beispielsweise 2000 Beschäftigte im deutsch-chinesischen Gemeinschaftsunternehmen „Shanghai Volkswagen" 30 000 Pkw pro Jahr.

1 Industriezentren und Bodenschätze
- ○ alte Industriezentren vor 1949
- ○ alte Industriezentren 1952 - 1957
- ● Industriezentren seit 1957
- Kohlelagerstätten
- Erdöl- und Erdgaslagerstätten
- -- Abgrenzung Küstenraum/Binnenraum

Chinas eigener Weg

Möglich wurde das nur durch einen Wandel in der chinesischen Wirtschaftspolitik: Ausländische und chinesische Firmen sollen in Gemeinschaftsunternehmen (Jointventures) die Modernisierung des Küstenraums vorantreiben. Die chinesische Seite stellt dabei Grund und Boden, Gebäude und Arbeitskräfte zur Verfügung. Der ausländische Partner bringt hochwertige Maschinen, Ausrüstungen und vor allem technisches Know-how ein. Niedrige Löhne sowie Steuer- und Handelsvergünstigungen sind wichtige Anreize für die ausländischen Unternehmen, die natürlich auch den riesigen chinesischen Absatzmarkt sehen.

Der Gegensatz von Planwirtschaft und freier Marktwirtschaft bringt aber auch Probleme. Viele Chinesen, die im Binnenraum leben, wollen in den Küstenraum ziehen, weil es dort bessere Arbeitsmöglichkeiten gibt. Die Städte an der Küste wachsen rasch, die Wohnungsnot ist groß.

Als geradezu legendär gilt die Entwicklung der „Sonderwirtschaftszone" Shenzhen. 1978 noch eine Kleinstadt an der Grenze zu Hongkong mit weniger als 30 000 Einwohnern, entwickelte sich die Stadt sozusagen über Nacht zum „Schaufenster der Öffnung". Explosionsartig stieg die Zahl der Fabriken seit dieser Zeit von 70 auf über 1000, die der Einwohner auf über 500 000.

Vor allem Unternehmen aus Hongkong haben hier investiert. Gäbe es keinen Grenzzaun zwischen Hongkong und Shenzhen, würde man den Übergang von einer Stadt zur anderen nicht bemerken.

1 Wodurch unterscheiden sich die einzelnen Phasen der Industrialisierung?
2 Begründe, warum der Staat gerade den Küstenraum zur „Entwicklungslokomotive" erklärt hat.
3 Stelle die Tabelle (2) in drei Säulendiagrammen dar und werte sie aus.

	Einwohner (in Mio.)	Fläche (in 1000 km²)	Wert der Ind.-Produktion (in Mrd. Yuan)
Küstenraum	412,5	1311,9	366,1
Binnenraum	589,9	8252,2	248,9

2

3 Shenzhen

4

Strukturdaten zu geöffneten Küstenstädten

Shanghai
Stadtgebiet: 6182 km²
davon inneres
Stadtgebiet: (230 km²)
Einw.: 11,9 Mio. (6,4 Mio.)
Erwerbstätige: 4,8 Mio.
Industriebesch.: 2,6 Mio.
Industriebetriebe: 8368

Lüda
12 573 km² (1003 km²)
Einw.: 4,8 Mio. (1,5 Mio.)
Erwerbstätige: 1,1 Mio.
Industriebesch.: 0,6 Mio.
Industriebetriebe: 1862

Tianjin
11 305 km² (4276 km²)
Einw.: 7,9 Mio. (5,2 Mio.)
Erwerbstätige: 2,7 Mio.
Industriebesch.: 1,4 Mio.
Industriebetriebe: 3797

Qingdao
5966 km² (244 km²)
Einw.: 6,2 Mio. (1,2 Mio.)
Erwerbstätige: 0,86 Mio.
Industriebesch.: 0,5 Mio.
Industriebetriebe: 1446

Guangzhou (Kanton)
11 757 km² (1345 km²)
Einw.: 6,8 Mio. (3,2 Mio.)
Erwerbstätige: 1,8 Mio.
Industriebesch.: 0,8 Mio.
Industriebetriebe: 3588

Chinas Küstenraum
○ Wirtschaftssonderzonen
○ alte Industriezentren vor 1949
● geöffnete Küstenstädte
Küstenraum
Binnenraum

Volkswagen aus Shanghai

Als Frau Sun sich einen Toyota kaufte, brachte die Pekinger Zeitung das Foto auf der ersten Seite: Frau Sun, ihre Familie und das neue Auto. Frau Sun, 59 Jahre und Besitzerin einer Hühnerfarm in der Nähe von Peking, war die erste chinesische Bäuerin mit einem Privatauto.

Sie hatte das Geld durch den Verkauf von Eiern verdient.

Das war im Jahre 1983. Auch heute sind private Pkw in der Volksrepublik China noch ungewöhnlich. In den Großstädten hat sich das Straßenbild kaum verändert: viele Radfahrer, Lastkraftwagen, Busse. Dazwischen werden Handkarren geschoben und Lasten mit Tragstangen transportiert. Wenn ein Pkw auftaucht, dann ist es meistens ein Taxi oder ein Dienstwagen. Auch Motorräder sind selten.

Chinesische Wirtschaftsplaner sagen aber voraus, dass der Verkehr mit Kraftfahrzeugen zunehmen wird und im Jahre 2000 in der Volksrepublik China wahrscheinlich 12 bis 15 Millionen Autos fahren werden – viermal so viel wie 1985! Gebraucht werden mehr Lkw, Busse, mehr Pkw. Die neuen Pkw werden vor allem in den Betrieben und als Taxis eingesetzt. Die Nachfrage nach Privatautos wird gewaltig steigen – aber wohl erst im nächsten Jahrhundert.

Jährlicher Bedarf an neuen Autos in der VR China

	1990	1995	2000
Personenkraftwagen	90 000 –130 000	260 000 –340 000	600 000 –730 000
Minibusse	50 000 –90 000	160 000 –200 000	290 000 –390 000
Busse	60 000	80 000	100 000
Lastkraftwagen	470 000 –560 000	640 000 –740 000	870 000 –900 000

3

China will in Zusammenarbeit mit ausländischen Firmen neue Automobilwerke aufbauen. Ein Beispiel ist das Gemeinschaftsunternehmen Shanghai Volkswagen GmbH. Standort des Werkes ist Anting im Westen der Millionenstadt Shanghai. Wo früher der „Shanghai" (chinesischer Pkw) gebaut wurde, werden seit 1985 Personenwagen vom Typ „Santana" montiert. 1987 liefen bereits 11 000 Wagen vom Band. Seit 1990 werden jährlich 30 000 Fahrzeuge und 100 000 Motoren produziert, davon 70 000 Motoren für den Export nach Deutschland.

In den Anfangsjahren mussten viele Santana-Teile aus Deutschland eingeführt werden. Das ist teuer, schon wegen der Transportkosten. In Zukunft sollen mehr und mehr Teile aus chinesischen Zulieferbetrieben verwendet werden.

Hauptgeschäftsstraße in Shanghai zur Mittagszeit. Morgens und abends ist außerhalb der Autospuren das Rad fahren erlaubt

Chinas eigener Weg

Das Unternehmen gehört zur Hälfte der Volkswagen AG. Die chinesischen Partner sind in der Gesellschaft „Shanghai", die Bank of China und der Chinesische Automobilindustrie-Verband. Deutsche und Chinesen leiten und finanzieren den Betrieb gemeinsam und teilen den Gewinn. Die Autobauer sind Chinesen: Das Werk hat über 2700 chinesische und nur 30 deutsche Mitarbeiter. Das Gemeinschaftsunternehmen soll für beide Seiten Vorteile bringen:
- Die Volkswagen AG hält China für „den wahrscheinlich bedeutendsten Markt des nächsten Jahrhunderts". Die deutsche Automobilfirma möchte einen Stützpunkt für Ostasien und Südostasien gewinnen.
- Die Volksrepublik China will mit ausländischer Hilfe möglichst schnell eine starke Autoindustrie aufbauen und später selbst Autos exportieren.

6 Der Volkswagen „Santana" aus Shanghai

Konsumgüter in 100 chinesischen Bauernfamilien

	1980	1982	1984	1986
Fahrräder	37	51	74	90
Nähmaschinen	23	33	43	49
Armbanduhren	38	68	109	146
Radios	34	50	61	54
Fernsehapparate	–	2	7	17

4

Konsumgüter in 100 chinesischen Arbeiter- und Angestelltenfamilien

	1980	1982	1984	1986
Fahrräder	127	146	163	163
Nähmaschinen	66	70	70	74
Armbanduhren	224	249	283	299
Radios	85	103	103	69
Fernsehapparate	33	73	85	93
Waschmaschinen	–	16	40	59
Kühlschränke	–	1	3	13
Kassettenrecorder	5	18	34	52
Fotoapparate	3	6	9	12

5

Chongging-Yamaha erfolgreich
Chongging, März 1988. Seit 1983 wurden in einem früheren Rüstungsbetrieb 136 000 Motorräder „Chongging-Yamaha 80" hergestellt. Fabrikdirektor Chen ist zuversichtlich, dass das Motorrad bis 1989 zu hundert Prozent ein chinesisches Erzeugnis sein wird. Mit der aus Japan eingeführten Technologie hat das Werk sein eigenständiges Produkt JT 50 erheblich verbessert.

Daimler-Lkw für China
Peking, September 1988. Die Daimler-Benz AG hat mit dem Maschinenbaukonzern „Norinco" ein Abkommen über Produktion schwerer Lkw in China geschlossen. Jährlich sollen mehr als 6000 Fahrzeuge gebaut werden.

[1] Suche auf der Atlaskarte Shanghai. Welche Vorteile hat dieser Standort für die Autofabrik?
[2] Erklärt die Vorteile des Gemeinschaftsunternehmen Shanghai Volkswagen für die Volksrepublik China. Was ist mit Zulieferbetrieben gemeint?
[3] Ob es auch Vorteile für die VW-Produktion in Deutschland gibt?
[4] Erläutert die Tabellen 4 und 5. Autos sind dort nicht genannt …

TERRA Orientieren und Üben

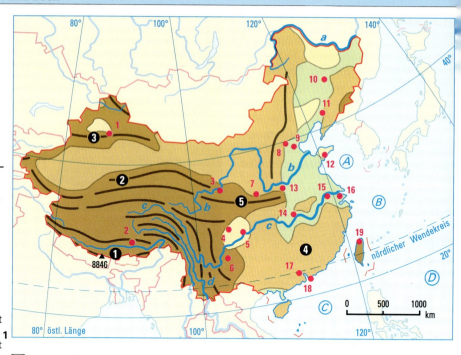

Kleines chinesisches Lexikon

he, ho, jang	Fluss
hu	See
hai	Meer
shan, ling	Gebirge, Berg
du, fu, cheng	Stadt
zhou	Bezirkshauptstadt
jing	Reichshauptstadt
bei	Norden
dong	Osten
xi	Westen
nan	Süden
shang	oben
huang (hwang)	gelb
tian	Himmel
an	Frieden

1 Festige deine topografischen Grundkenntnisse. Die Karte (1) enthält Ziffern und Buchstaben. Schreibe mit Hilfe des Atlas auf:
a) Städte: 1 =
b) Gebirge: ① =
c) Flüsse: a =
d) Meere: Ⓐ =

2 Erkläre mit Hilfe des kleinen chinesischen Lexikons einige geografische Namen. Schreibe auf, zum Beispiel:
Beijing = Hauptstadt des Nordens

Tian Shan = ?
Hwangho = ?
Findest du im Atlas weitere Namen, die sich erschließen lassen?

3 Was will die Karikatur (2) wohl ausdrücken?

Wusstest du, dass
- die 5000 Kilometer lange „Große Mauer" das einzige Bauwerk der Erde ist, das vom Mond aus mit bloßem Auge wahrgenommen werden kann? Sie wurde zum Schutz vor Mongoleneinfällen gebaut.
- Xian die erste Millionenstadt der Erde war und dass bereits im 9. Jahrhundert zwei Millionen Einwohner innerhalb ihrer 35 Kilometer langen Stadtmauer wohnten?
- schon im 6. Jahrhundert der 1800 Kilometer lange Kaiserkanal von Beijing nach Hangzhou gebaut wurde?
- die chinesische Schrift im Gegensatz zu der in anderen frühen Hochkulturen (z. B. Ägypten) nie verloren ging? Sie ist heute das wichtigste Verständigungsmittel im „Reich der Mitte", weil nur die Schriftzeichen im ganzen Land gleich sind, nicht aber die Sprache.

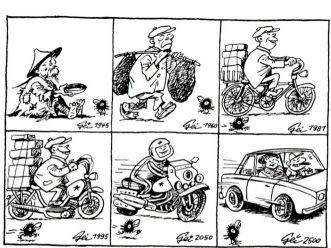

Chinas eigener Weg

Hongkong heute

Hongkong 1993
Fläche 1040 km²
Einwohner 5,9 Mio.
BSP
je Einw. 13 800 US-$

Handelspartner
China 32 %
USA 15 %
EG 13 %
darunter
Deutschland 4 %
Japan 11 %
Taiwan 7 %

Kommunisten üben Kapitalismus

30. Juni 1997: Nach über 150 Jahren gibt Großbritannien seine Kronkolonie Hongkong, die Stadt mit dem dritthöchsten Pro-Kopf-Einkommen Asiens, an die kommunistische Volksrepublik China zurück.

„Ein Land – zwei Systeme" heißt der Grundsatz für die Sonderverwaltungszone „Hongkong: China". Die Bürger erhalten politische Sonderrechte und marktwirtschaftliche Freiheiten. Zur Einbindung in die chinesische Wirtschaft bildet Hongkong mit Shenzhen eine gemeinsame, vom übrigen Festland abgegrenzte Wirtschaftszone kapitalistischer Prägung. Obwohl das kapitalistische System ausdrücklich für 50 Jahre garantiert ist, haben viele Unternehmen bereits Zweigniederlassungen im Ausland gegründet oder sind ganz abgewandert, vor allem nach Kanada, Neuseeland und Australien.

4

|4| Überlege, inwieweit die Rückgabe Hongkongs sich auf die wirtschaftliche Entwicklung Chinas auswirkt.
|5| Vergleiche die beiden Fotos von Hongkong (3, 5).
|6| Sammle Materialien über Hongkong (z. B. Zeitungsberichte, Daten) und werte sie aus.

Hongkong vor dem Wirtschaftsboom

5

71

Ungleichheit

Familie in Guatemala

aber auch hier:
arm und reich

Wie will man Ungleichheit auf der Erde beschreiben? Zum Beispiel: Die Weltbevölkerung – eine „Drei-Klassen-Gesellschaft"

1,1 Milliarden Menschen mit weniger als 700 US-$ Jahreseinkommen
Die Ärmsten dieser Erde.
Sie leben am Rande des Hungers oder hungern, haben weitgehend nur Getreide oder Knollenfrüchte und unsauberes Wasser zur Ernährung. Sie gehen zu Fuß und sind zur Essenszubereitung auf lokale Brennstoffe (z. B. Holz) angewiesen. Um überleben zu können, zerstören sie mit ihrer Lebensform auch die Umwelt.

3,3 Milliarden Menschen mit 700 bis 7500 US-$ Jahreseinkommen
Nicht mehr ganz arm, aber nicht reich.
Ihre Ernährung basiert hauptsächlich auf Getreideprodukten. Sie bewegen sich überwiegend mit kollektiven Transportmitteln oder mit dem Fahrrad. Sie haben erste bescheidene Güter für den persönlichen Wohlstand.

1,1 Milliarden Menschen mit mehr als 7500 US-$ Jahreseinkommen
Die Reichen der Erde.
Sie ernähren sich von zuviel Fleisch, Fast Food und industriellen Produkten. Ihr Lebensstil wird durch Auto fahren und Fernsehen, Supermarkt und Wegwerfen bestimmt. Sie verbrauchen den größten Teil der Energie und Rohstoffe dieser Erde und schaffen die größten Umweltbelastungen.

Nach einem Bericht des World Watch Institute in Washington

Familie in Deutschland

aber auch hier: arm und reich

auf der Erde

Ungleichheit auf der Erde

Flüchtlingskinder 1948 in Berlin

Genug zu essen?

Deine Großeltern werden sich noch erinnern – an die harten Jahre nach dem Zweiten Weltkrieg. Damals bekam jeder Erwachsene höchstens 1000 Kalorien an Lebensmitteln pro Tag. Eine Schweizer Zeitung berichtete über Industriearbeiter in Gelsenkirchen:
„Die tägliche Ration beträgt zur Zeit 950 Kalorien. Das Mittagsmahl besteht aus einer fettfreien Erbsensuppe. Ein amerikanischer Experte, der einen Monat von dieser Ration lebte, nahm 25 Pfund ab."
Am meisten litten die Kinder **Hunger**. Sie waren mager, erschöpft und anfällig für Krankheiten. Das ist inzwischen Vergangenheit. Statt Untergewicht sorgen sich bei uns viele um Übergewicht. Aber in großen Teilen der Welt ist der Hunger bittere Realität.
Ein erwachsener Mensch braucht im Durchschnitt etwa 2300 Kalorien pro Tag zum Leben. Bei körperlicher Tätigkeit sind es sogar 3000 Kalorien und mehr. Sind es ständig weniger, dann tritt **Unterernährung** ein. Und selbst wenn der größte Hunger gestillt ist, gibt es Probleme, denn auch die Zusammensetzung der Nahrung ist wichtig. Höchstens 60 % der Kalorienmenge sollten durch Kohlenhydrate gedeckt werden. Sie kommen in allen Grundnahrungsmitteln wie Weizen, Reis, Mais oder Maniok vor. 25 % sollten aus Fetten stammen und 15 % aus Eiweiß. Eiweiß ist in Milch, Fleisch oder Fisch enthalten. Der Mensch braucht etwa 70 Gramm Eiweiß täglich. Sind es weniger, dann tritt **Mangelernährung** ein.
Unterernährung und Mangelernährung haben ähnliche Folgen. Der geschwächte Körper versucht alle Anstrengungen zu vermeiden, um möglichst wenig Kalorien zu verbrauchen. Die Arbeitsleistung nimmt ab, die Krankheitsanfälligkeit nimmt zu. Kinder, die ungenügend ernährt werden, bleiben in ihrem Wachstum und Denkvermögen zurück. Sie sind für ihr Leben geschädigt.
Eigentlich werden auf der Erde noch genug Nahrungsmittel erzeugt, um alle Menschen satt zu machen. Da aber die meisten Nahrungsmittel auf Märkten oder in Geschäften verkauft werden,

Die durchschnittlich verfügbaren Kalorienmengen pro Tag (kcal/Tag)

Deutscher	Brasilianer		Inder	Äthiopier
746	940	Getreide	1406	1215
141	175	Hackfrüchte	41	70
421	467	Zucker	213	40
7	135	Hülsenfrüchte	127	120
279	159	Obst, Gemüse	114	57
574	224	Fleisch, Fisch, Eier	27	58
311	147	Milch, Milcherzeugnisse	101	35
660	410	Fette und Öl	160	61
315	60	Getränke, Gewürze und Sonstiges	23	37
3454	2717	Gesamtmenge pro Tag	2212	1693

Ungleichheit auf der Erde

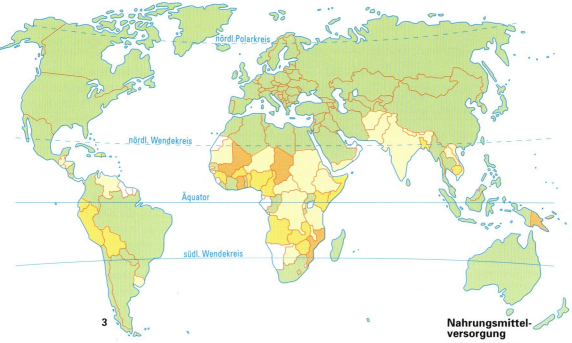

Nahrungsmittelversorgung

In diesen Staaten ist der Nahrungsbedarf (gemessen in Kilojoule) der Bevölkerung zu

- unter 80%
- 80% – 89%
- 90% – 99%
- 100% und mehr befriedigt
- keine Angaben verfügbar

braucht man Geld. Während wir es uns leisten, große Mengen von Getreide an das Vieh zu verfüttern und zu Fleisch oder Milch zu „veredeln", sind über 800 Millionen Menschen einfach zu arm, um sich die notwendigsten Nahrungsmittel zu beschaffen. Sie leiden Hunger.

Übliche Speisekarte in Westafrika
morgens:
meistens nichts
vormittags (in der Arbeitspause):
kalter Hirsebrei mit etwas Zucker, dazu Wasser
mittags:
kalter Hirsebrei mit gerösteten Erdnüssen (wegen der Hitze aber nur wenig), dazu Wasser
abends:
heißer Hirsebrei mit Gemüsesoße und Pfeffer, evtl. getrockneter Fisch, dazu Wasser, zum Abschluss Tee

1 Vergleiche deine tägliche Ernährung mit der in Westafrika (Übersicht 4).
2 Untersuche die Ernährung in verschiedenen Ländern mit Hilfe der Tabelle (2).
a) Was sind jeweils die wichtigsten Nahrungsmittel?
b) Wo ist Unterernährung und wo ist Mangelernährung ein Problem?
c) Zu welchen Nahrungsmittelarten gehören Weizen, Reis, Kartoffeln, Maniok, Bohnen?
3 Die Tabelle (5) zeigt, wie viel Kalorien ein Erwachsener für verschiedene Tätigkeiten braucht. Stelle zusammen, was ein Äthiopier in 24 Stunden alles machen kann.
4 Erläutere die Karte (3).
a) Nenne für jeden Kontinent Länder, in denen es Hunger gibt.
b) In welchen Ländern gibt es Probleme mit Mangelernährung?
c) In welchen Ländern wird es Wohlstandskrankheiten geben?

Durchschnittlicher Energieverbrauch
(in kcal)

1 Std. Schlaf	65
1 Std. leichte Beschäftigung	170
1 Std. Arbeit als Tischler	180
1 Std. Schwerstarbeit	300

Die **Kilokalorie** (kcal) ist eine Einheit, in der man Energiemengen angibt. Sie ist heute noch gebräuchlich. International wurde aber vereinbart, nur das Joule (J) als Energieeinheit zu verwenden. Eine Kilokalorie entspricht ungefähr 4 Kilojoule (kJ).

Ungleichheit auf der Erde

1 Neuer Brunnen in Nigeria

Fünf Kilometer bis zum Brunnen

Jeden Nachmittag treffen sich Alia und Mara am Brunnen. Wasserholen ist in Nigeria und vielen andern Ländern Afrikas Frauensache, wie fast alles, was mit dem Haushalt zusammenhängt. Etwa eine Stunde brauchen Alia und Mara dafür – trotz Fahrrad. Dabei sind sie schon dankbar, dass der neue Brunnen ihnen den langen Weg zur alten Wasserstelle unten am Fluss erspart.

Alia ist sehr traurig: „Heute Morgen ist unser Butu gestorben", klagt sie. „Er hatte Durchfall. Die Nachbarin hat gesagt, dass das von schlechtem Wasser kommen kann. Aber wofür ist der neue Brunnen da? Ich habe versucht Butu mit Heilkräutern zu helfen. Zum Arzt konnte ich nicht. Du weißt ja, der wohnt einen Tag weit entfernt in der Stadt. Ich kann doch die andern Kinder und das Feld nicht die ganze Zeit allein lassen. Und Geld habe ich auch nicht."

So wie Butu geht es vielen Kindern in der Dritten Welt. Wer dort geboren wird, hat schlechte Chancen. Nicht nur, dass er ärmer ist, er wird auch selten alt. Tag für Tag nämlich sterben in den Entwicklungsländern 40 000 Kinder. Dabei sind es im Grunde keine schweren Krankheiten, die schuld daran sind. Schon ein Durchfall wie bei Butu oder ein Schnupfen, eine offene Wunde, Masern, Diphtherie oder Malaria können lebensgefährlich sein. Dadurch sinkt die **Lebenserwartung** der Bevölkerung.

Ärzte könnten schnell helfen. Es gibt nur zu wenig von ihnen. Während bei uns ein Arzt im Durchschnitt 300 Menschen zu betreuen hat, sind es in Indien 2400 und in Nigeria sogar 6700. Auf dem Land ist die Situation noch schlimmer, weil die meisten Ärzte in den Städten leben. Am schlimmsten aber ist, dass viele Menschen einfach zu arm sind, um sich einen Arztbesuch zu leisten.

Deshalb wäre es schon eine Hilfe, wenn es in jedem Dorf eine ausgebildete **Gesundheitshelferin** oder einen -helfer gibt. Sie können mit einem Erste-Hilfe-Kasten bereits Schnupfen bekämpfen, eine Wunde richtig versorgen oder eine Spritze geben. Nur die schweren Fälle müssen dann an einen Arzt oder an ein Krankenhaus überwiesen werden. Gesundheitshelfer können außerdem Ratschläge zur besseren Ernährung und Hygiene geben und der Bevölkerung sagen, wie man das Trinkwasser sauber hält.

2 **Wasserverbrauch** pro Kopf und Tag
- 145 l Deutschland
- 65 l Tansania
- 55 l Indien

3

Ungleichheit auf der Erde

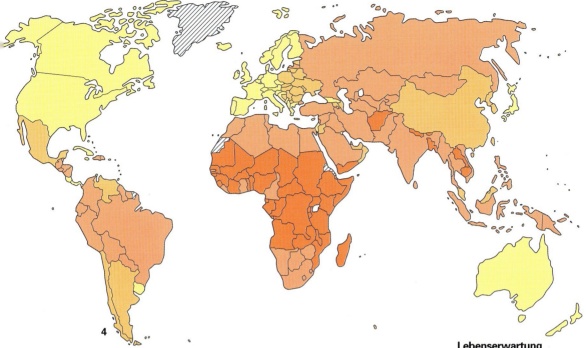

4

1 Foto (1) zeigt einen vom Kinderhilfswerk UNICEF finanzierten Brunnen.
a) Vergleiche mit der Wasserversorgung bei dir zu Hause.
b) Welche Nachteile für die Gesundheit hat die Wasserversorgung aus dem Brunnen?

2 Arbeite mit Karte (4). Nenne drei Länder mit hoher Lebenserwartung und drei Länder mit geringer Lebenserwartung.

3 Gibt es in den Ländern mit geringer Lebenserwartung keine alten Menschen? Erläutere Diagramm (6).

4 In Indien und Tansania ist es viel wärmer als bei uns. Erläutere den Wasserverbrauch anhand Abbildung (2).

5 Wofür ist Gesundheitshilfe gut? Nimm Abbildung (5) zu Hilfe.

6 Ursache vieler Todesfälle in der Dritten Welt ist die Armut. Was nützen da Gesundheitshelferinnen oder -helfer?

Lebenserwartung

Ein 1992 geborener Mensch hat eine durchschnittliche Lebenserwartung von

- unter 55 Jahren
- 55 – 69 Jahren
- 70 – 72 Jahren
- 73 und mehr Jahren
- keine Angaben verfügbar

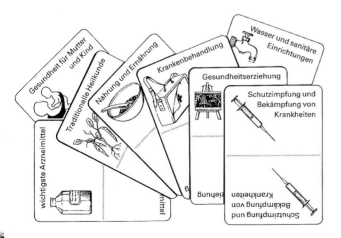

Anteil der einzelnen Altersgruppen an den Todesfällen (1990 in %)

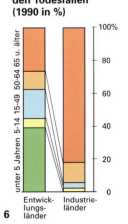

6 Entwicklungsländer Industrieländer

Ungleichheit auf der Erde

Alphabetisierung per Radio in Malawi. Eine Alphabetisierungsgruppe diskutiert eine Sendung, die sie soeben im Radio gehört hat.

1

Bildung als Chance

Fast eine Milliarde Menschen hat nach Schätzungen der UNO nicht die Fähigkeit, ein Formular auszufüllen oder eine Anweisung zu lesen, von der Gesundheit oder Lebensunterhalt abhängen können.

„Sie ist 54 Jahre, Bäuerin und Mutter von fünf Kindern. Ndugu Ruika lebt in Tansania, pflanzt Mais, Bohnen und Gemüse und lernte vor wenigen Jahren lesen und schreiben. ‚Meine heutige Situation unterscheidet sich grundlegend von früher. Musste ich früher Papiere unterzeichnen, geschah dies durch meinen Daumenabdruck. Dabei wusste man nie genau, was man unterschrieben hatte. Man konnte leicht das Opfer ungerechter Machenschaften werden, heute bringt mich niemand mehr dazu, blind zu unterzeichnen.'"

Ndugu zählt jetzt nicht mehr zu den **Analphabeten.** Für sie ist Bildung – wenn auch nur in Form von Lesen und Schreiben – eine Chance,
- um sich über wichtige Dinge des Alltags selbst informieren zu können und damit aus der „blinden" Abhängigkeit von z. B. Markthändlern oder Geldverleihern herauszukommen;
- und auch um ihre Interessen jetzt besser vertreten zu können.

In rund dreißig Entwicklungsländern sind mehr als die Hälfte der über 15-jährigen Einwohner Analphabeten, vor allem in Afrika oder Südasien.
Selbst wenn aber die Kinder in den Ländern der Dritten Welt zur Schule

> Bei einem jährlichen Bevölkerungswachstum von 2,3 Prozent nimmt die Bevölkerung von Bangladesch jede Woche um den Umfang einer deutschen Kleinstadt zu.
> Pro Minute werden 11 Kinder geboren. Von dieser statistischen Gruppe stirbt eines vor dem Beginn des fünften Lebensjahres, meist an Unterernährung und Durchfallkrankheiten. Von den zehn, die das Einschulungsalter erreichen, werden nur sechs tatsächlich eingeschult. Schon Sechsjährige, vor allem Mädchen, sind den Eltern willkommene Hilfen im Haushalt oder bei der Beaufsichtigung der jüngeren Geschwister. Unter fehlender Schulbildung leiden Mädchen und Frauen doppelt so häufig wie Buben oder Männer. Von den sechs Schulanfängern werden vier die Schule vor dem Ende des fünften Schuljahres verlassen haben. Damit werden nur zwei aus der Gruppe der elf Neugeborenen einen Grundschulabschluss erhalten.

2

Ungleichheit auf der Erde

Welche Schulbildung?
Sanjay hat zwar die Schule erfolgreich beendet, doch in seinem Dorf in Südindien gibt es für ihn keine Arbeit. Er kann mit dem, was er in der Schule gelernt hat, im Dorfalltag nicht viel anfangen. Er kennt jetzt zwar die Namen der indischen Präsidenten. Er kann sogar eine schwierige Multiplikationsaufgabe lösen und sich auch in Englisch einigermaßen ausdrücken. Aber was er zum Leben im Dorf braucht, hat er nicht gelernt. Deshalb möchte Sanjay das Dorf verlassen. Er hofft, in der fernen Stadt Arbeit zu finden. Ob er das schafft, ist ungewiss, denn Sanjay ist dort einer von vielen, die Arbeit suchen.

5

Schule kontra Kinderarbeit
Indira arbeitet in einer Fabrik in Indien, in der Cashew-Nüsse für den Export fertig gemacht werden. Cashew-Nüsse werden bei uns gern auf Partys oder beim Fernsehen geknabbert. Sie dürfen nur nicht zu teuer sein. Aber **Kinderarbeit** ist ja billig. Indiras Eltern sind sehr arm. Sie haben nur ein winziges Stück Land und sind auf die Hilfe ihrer Kinder angewiesen. „Ein Kind hat einen Mund, aber zwei Hände", sagt man in Indien. Wie gern würde Indira zur Schule gehen. Aber sie weiß auch: Wenn ihre Eltern mehr Geld hätten, würden sie zuerst ihren Bruder zur Schule schicken. So wird aus ihr eine Analphabetin.

Durchschnittliche Dauer des Schulbesuchs (1990)

7

gehen, es ist nicht gleichgültig, wie ihre Stundentafel und ihr Lehrplan aussehen. Selbstverständlich müssen Menschen in diesen Ländern auch all das können, was bei uns von einem Bankangestellten, einem Geschäftsmann oder von einem Computerspezialisten verlangt wird. Aber kann das das Lernprogramm für einige Milliarden Menschen sein, die gerade ums Überleben kämpfen oder mit Mühe und Not Arbeit gefunden haben?
Fachleute der UN fordern deshalb ein Alphabetisierungsprogramm, das sich in erster Linie an der **Grundbildung** orientiert.

6

☐1 Überlege, wie ein Stundenplan oder ein Schulalltag aussehen sollte, der sich in erster Linie um „Grundbildung" bemüht.

☐2 Berichte mit eigenen Worten darüber, warum in Bangladesch von 11 Kindern nur zwei einen Grundschulabschluss schaffen, wie es in Text (2) dargestellt ist.

Was ist Grundbildung?
Über diese Dinge werden Kinder und Erwachsene in Lesen, Schreiben und Rechnen unterrichtet:

Bessere Ernährung, Gesundheit und Hygiene

Fertigkeiten zum Wohnungs- und Hausbau

Verbesserung von Ackerbau und Viehzucht

Vorbereitung auf einen Beruf

Kinderbetreuung und Hauswirtschaft

Beteiligung am politischen Leben in Gemeinde und Staat

Ungleichheit auf der Erde

Arme sind nicht „arbeitslos"

Alfredo Sanchez hat eine große Familie. Außer seiner Frau und den fünf Kindern lebt noch sein Schwager in der kleinen Hütte am Stadtrand von Mexiko Stadt. Alfredo ist Bauarbeiter. Aber er hat keine feste Anstellung: Er lebt von Gelegenheitsarbeiten. Täglich fährt Herr Sanchez auf der Suche nach Arbeit in die Stadt – häufig vergebens. So ist er immer bereit, Nachbarn am Wochenende gegen ein geringes Entgelt beim Hausbau zu helfen.

Die wichtigste Stütze der Familie ist Gustavo, der älteste Sohn. Gustavo hat Architektur studiert, aber keinen angemessenen Arbeitsplatz gefunden. Es gibt zu viele Architekten in Mexiko Stadt. Deshalb ist er froh, dass er als technischer Zeichner in einer Maschinenfabrik ein regelmäßiges Einkommen hat.

José, der Schwager, ist Elektriker. Häufig steht er – wie andere Handwerker auch – mit seinem Werkzeugkasten vor der Kathedrale im Zentrum der Stadt und wartet darauf, dass ihn ein Kunde mitnimmt. Nebenbei handelt er mit Ersatzteilen für Radio- und Fernsehapparate, die er aus dem Müll gesammelt hat. Ein Teil seines Einkommens fließt in die Familienkasse.

Juan, der zweite Sohn, geht in die letzte Klasse der Grundschule. Zusammen mit seinem Freund zieht er nachmittags durch die Stadt. Jeder hat eine Kühlbox unter dem Arm, aus der sie selbst gemachtes Eis verkaufen. Die Zwillinge Maria und Julia, beide fünf Jahre alt und sein kleiner Bruder Pedro sind bei der Mutter Elena in der Hütte.

Frau Sanchez verfügt über eine Nähmaschine. Das ist ihr ganzer Stolz. Damit näht sie nicht nur die Kleidung ihrer Familie, sondern auch Hosen für ein Bekleidungsgeschäft im Stadtzentrum. Der Inhaber bringt ihr je nach Bedarf das

1 Straßenhändler in Lateinamerika

Ungleichheit auf der Erde

Material, das sie dann verarbeitet. Wenn viel zu tun ist, müssen sogar die Zwillinge schon mal mithelfen. So ist jeder in der Familie von früh an auf der Suche nach Arbeit und Verdienst.

In Millionen Familien in den Entwicklungsländern geht es ähnlich zu wie bei Familie Sanchez. Die meisten Menschen haben „offiziell" nie gearbeitet und keine Steuern und Versicherungen gezahlt. Sie tauchen auch in keiner Arbeitslosenstatistik auf. Sie zählen zum **informellen Sektor**. Zumeist sind sie unterbeschäftigt, weil sie in Hinblick auf ihre Arbeitskraft und ihre Arbeitszeit nicht angemessen zu tun haben.

1 a) Wer in der Familie Sanchez ist voll erwerbstätig, wer ist unterbeschäftigt, wer ist „arbeitslos"?
b) Wie kann man die Arbeit von Frau Sanchez und ihrem Sohn Juan bezeichnen?
2 „Arme sind nicht arbeitslos." Was ist damit gemeint? Erläutere.
3 Warum ist die amtliche Zahl der Arbeitslosen oft wenig aussagekräftig (Tabelle 5)?

„Die echte ‚Volks-Wirtschaft' des Kontinents steht in keiner Statistik."

Sein „Firmengelände" ist der staubige Parkplatz am Uhuru-Highway in Nairobi. Hier repariert Benjamin Njugana unter freiem Himmel Autos aller Marken. Er hat keine Werkstatt, kein Ersatzteillager und schon gar keine Hebebühne. Das Kapital seines Unternehmens sind seine beiden Hände und ein paar Schraubenschlüssel. „Ich habe den Job gelernt, indem ich Mechanikern bei der Arbeit zugesehen habe", sagt er. Offiziell existiert seine „Firma" überhaupt nicht. Wie unzählige andere Kleinstunternehmen in Afrika gehört sie zu jenem Teil der Wirtschaft, der in keiner amtlichen Statistik auftaucht. Eben dieser „informelle Sektor" ist aber die wichtigste Wachstumsbranche des Kontinents. Man schätzt, dass in den afrikanischen Städten in ihr etwa 60 Prozent der Bewohner arbeiten.

(nach einem Bericht in der Frankfurter Allgemeinen Zeitung vom 2. 12. 1991).

6

Berufe von jungen Frauen und Männern aus den Armenvierteln von Mexiko Stadt:
Straßenhändler
Köchin für Garküche
Schuhputzer
Dienstmädchen
Bürobote
Autoeinparker
Zeitungsverkäufer
Fremdenführer
Kindermädchen
Lotterieverkäufer
Lumpensammler
Näherin
Lastenträger
Wäscherin
Busschaffner
Wärter
Holzschnitzer
Prostituierte

**Arbeitslosigkeit in Entwicklungsländern:
die „undurchsichtige" Zahl**
(Beispiel Mexiko)

Mexiko um 1990
a) Einwohner: 82,0 Mio.
b) Bevölkerung im Alter 15–65 (erwerbsfähig/arbeitsfähig): 54 % = 44,3 Mio.
c) Tatsächlicher Anteil der Erwerbstätigen an der Bevölkerung: 38 % = 31,2 Mio.
(laut Statistik UN)
Rechnerische Zahl der Arbeitslosen: 13,1 Mio.

Amtliche Statistik zur Arbeitslosigkeit (1990/92): 20 % Arbeitslose
(und 30 % Unterbeschäftigte)

20 % von was?
20 % von a) – wäre sachlich falsch
20 % von b) – das wäre sinnvoll. Es ergibt 8,8 Mio. Arbeitslose.
Was ist mit der Differenz von 4,3 Mio. (zu 13,1 Mio.)?
Wie ordnet man die 30 % Unterbeschäftigten ein?
Was ergibt sich – zukünftig – aus der Tatsache, dass von den 82 Mio. Einwohnern (siehe a) 43 % unter 15 Jahre alt sind?

5

Unsere Begriffe passen nicht!
Arbeit – im Sinne der Statistik – ist bezahlte Arbeit und vertraglich geregelt. Arbeitslose bei uns sollen durch soziale Sicherungen (Arbeitslosengeld, Wohngeld usw.) vor der Armut bewahrt werden. Für begrenzte Zeit sollen sie weiterleben können, ohne vertraglichen Arbeitsplatz. Arbeitslose in Entwicklungsländern sind in der Regel arm und haben kaum soziale Absicherung. Sie müssen arbeiten, um zu überleben, auch wenn ihre Tätigkeiten nicht als „Arbeit" registriert sind.

Ungleichheit auf der Erde

1 **Lima-Miraflores**

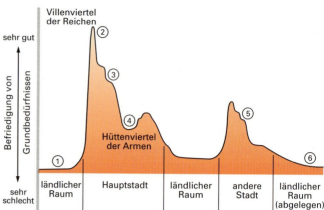

Unterschiedliche Lebenssituationen in einem Entwicklungsland

2

Ungleichheit – das Beispiel Peru

Señor Antonio erwartete mich am Flughafen von Lima, der Hauptstadt Perus. In seinem klimatisierten Wagen brachte er mich in die Stadt. Die Fahrt ging durch endlose Zeilen einfacher Hütten aus Strohmatten, Lehm oder Backstein vorbei an schäbigen Läden und kleinen Handwerksbetrieben. Um so überraschter war ich, als wir plötzlich an einem modernen Einkaufszentrum vorbeikamen und zunehmend Grünanlagen die Straßen säumten, als die Häuser größer und schöner wurden und sogar Hochhäuser auftauchten. Wir waren in Miraflores angekommen, dem Stadtteil von Lima, wo Señor Antonio wohnt. Hier lärmt der Verkehr, hier bummelt man durch elegante Läden oder speist in teuren Restaurants, hier gibt es fließendes Wasser, elektrischen Strom, Telefon und Fernsehen – genau wie in Deutschland. Hier gibt es offensichtlich keine Probleme mit der Befriedigung von Grundbedürfnissen, denn hier wohnt die einflussreiche Ober- und Mittelschicht Perus: Regierungsbeamte, Manager, Geschäftsleute, Ärzte, Rechtsanwälte, Angestellte von Banken und Büros ...

So hatte ich mir das Leben in einem Entwicklungsland nicht vorgestellt.
Nur das Hausmädchen und der Gärtner der Familie schienen nicht herzupassen. Und dann fielen mir die fliegenden Händler in der Umgebung des Einkaufszentrums, die Schuhputzer an der Straßenecke und die Bettler auf. Sie waren wie aus einer anderen Welt. Und überall sah ich privates Wachpersonal, Gitter, Zäune ...
Reichtum und Armut sind also nicht säuberlich nach Industrie- und Entwicklungsländern getrennt, Reichtum und Armut existieren unmittelbar nebeneinander – in Lima, in Peru und anderswo.

[1] Beschreibe Foto (1). Vergleiche mit einer deutschen Stadt.
[2] Lies den Text über Elsa. Was ist gleich, was ist anders als bei dir?
[3] Lege eine Tabelle an mit den Spalten: Ernährung, Gesundheit, Bildung, Wohnung. Trage ein, wie solche Grundbedürfnisse bei Elsa, Roberto und Pedro erfüllt sind. (Du hast drei Stufen: gut, schlecht bis mittelmäßig, mangelhaft.)
[4] Warum sind in Peru die Lebensbedingungen auf dem Land schlechter als in den Armenvierteln von Lima?
[5] Ordne die drei Lebenssituationen (6) bis (8) einer Ziffer in Abbildung (2) zu.

Ungleichheit auf der Erde

In Lima-Miraflores

Elsa ist 14 Jahre alt. Sie wohnt in einem der besseren Wohnviertel von Lima. Elsa geht auf eine Privatschule, wo sie Englisch und Französisch lernt. Ihr Vater nimmt sie täglich im Auto mit, da er in einer Bank in der Nähe arbeitet. Auch wenn die Familie nicht zu den ganz Reichen gehört, hat Elsa doch ihr eigenes Zimmer, in dem sie Schularbeiten machen und ungestört ihre Schallplatten hören kann.

In einer Barriada von Lima

Roberto ist 13 Jahre alt. Er wohnt in einer Barriada* am Stadtrand vom Lima – mitten in der Wüste. Hier gibt es schon Strom und ein Tankwagen füllt wöchentlich die Wassertonnen vor den Hütten. Robertos Vater arbeitet als Wächter in einem Baustofflager, seine Mutter verkauft Essen auf dem Markt. Roberto geht noch zur Grundschule. Wenn er mal nicht als Schuhputzer arbeitet, spielt er mit Nachbarskindern.

* Barriadas sind Hüttenviertel der Armen.

In Vicos in den Anden nördlich von Lima

Wieder anders sieht es bei Pedro aus, der elf Jahre alt ist. Er bewohnt zusammen mit seinen Eltern und drei Geschwistern eine kleine Lehmhütte in den Anden Perus. Zur nächsten Stadt mit Schule und Arzt ist es mehr als zwei Stunden. Sein Schulbesuch ist sehr unregelmäßig. Wo sollte er auch seine Schularbeiten machen, wenn es dunkel ist und die Hütte kein Licht hat? Den ganzen Tag über muss er den Eltern helfen: Wasser holen, Holz sammeln, Unkraut jäten …

TERRA Orientieren und Üben

Über eine Milliarde Arme auf der Welt
Washington (KNA) – Mehr als eine Milliarde Menschen hat täglich weniger als einen US-Dollar zur Verfügung. Nach Angaben der Weltbank zählten im Jahr 1990 1,1 Milliarden Menschen zu den Armen.

1

2

1 100 000 000 Menschen in Armut! Eine unvorstellbar große Zahl. Armut ist verantwortlich für Hunger, Krankheit, Kinderarbeit, Not. Armut kann viele Ursachen haben: Man ist arm geboren, man findet keine Arbeit, man erhält keine Chancen, es passiert ein Unglücksfall ... Die Reichtümer unserer Welt sind sehr ungleich verteilt. Neben großer Armut gibt es großen Wohlstand. Diese schroffen Gegensätze sind ein besonderes Problem. Sie sind nicht von Natur aus da. Wir können vielmehr von uns aus dazu beitragen, sie abzubauen, sie zu überwinden. Dafür ist mehr **soziale Gerechtigkeit** notwendig. Geben wir den anderen ihre Chance!

2
Tanja aus Dortmund
4
Juan (rechts) und Manuel aus einer Armensiedlung in Lima, Peru

|1| Das Schaubild (7) fasst Grundbedürfnisse übersichtlich zusammen.
a) Welche Grundbedürfnisse zeigen die Fotos (5), (6) und (8)?
b) Spielen – ein Grundbedürfnis für Menschen? Sprecht über das Foto (9).
c) Welche Grundbedürfnisse hast du bereits kennen gelernt, welche nicht?
|2| Grundbedürfnisse können unterschiedlich gut befriedigt werden.
a) Ordnet danach die Bilder auf Seite 85 zu.
b) Wart ihr alle in der Klasse einig? Wo gab es Meinungsunterschiede?
|3| Armut in Deutschland – Armut in Afrika. Nenne mögliche Unterschiede.
|4| Keiner kann sich aussuchen, an welchem Ort der Erde er geboren wird. Schreibe auf, was Tanja (Foto 2) und Juan (Foto 4) von ihrem Leben erwarten können.
|5| Ungleichheit auf der Erde – dafür gibt es viele Ursachen. Welche kennst du schon?

Was ich zum Leben (ver)brauche
Ein(e) Deutsche(r) - wieviele Schwarzafrikaner(innen)

🪙	so viel Geld wie	**43**
☁	so viel CO_2 wie	**65**
⚡	so viel Energie wie	**16**
🛢	so viel Erdöl wie	**10**

3

4

Ungleichheit auf der Erde

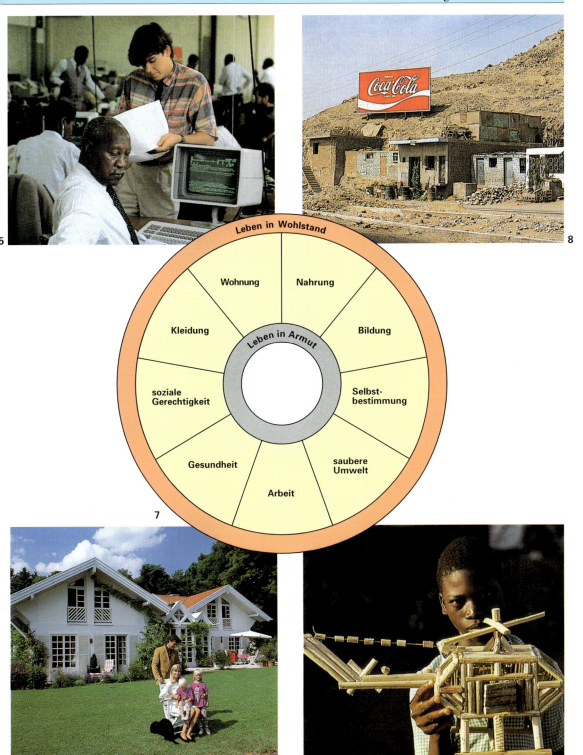

Eine internationale Sportveranstaltung in Deutschland: Aus allen Teilen der Welt ist die Jugend zusammengekommen. Riesige Spielbälle – als Globus bemalt – zeigen, dass sich die Menschen näher kommen und unsere Welt zusammenwächst.

Doch noch trügt das Familienbild. Noch sind die Angehörigen nicht immer so friedlich beisammen. Noch geht es allen Mitgliedern nicht gleich gut. Wir selber können dazu beitragen, dass es besser wird. Dafür müssen wir die verschiedenen Völker der Erde und ihre Lebensräume verstehen lernen. Der Erdkundeunterricht ist dafür da.

Unsere eine Welt

Die Völkerfamilie
100 Menschen haben sich für ein Familienfoto aufgestellt. Sie entsprechen genau der Weltbevölkerung: 36 von ihnen sind unter 15 Jahre alt, 6 über 65. Zu sehen sind 11 Menschen aus Europa, 6 aus der ehemaligen Sowjetunion, 6 aus Nordamerika, 22 aus China, 16 aus Indien, 16 aus dem übrigen Asien, 4 aus dem Mittleren Osten, 8 aus Lateinamerika und der Karibik, 10 aus Afrika und 1 Mensch aus Australien und dem Pazifik.

Unsere eine Welt

Unsere Vorstellungen von der Welt

Vier Postkarten aus der weiten Welt, sicher erkennst du die Länder sofort: Ägypten – China – ... Woran liegt das? Täglich nehmen wir eine Fülle von Informationen in uns auf. Nur weniges davon bleibt in Erinnerung. Meist sind es Dinge, die uns beeindruckt haben, die uns interessieren. Aber es sind auch Dinge, die uns schon vorher durch den Kopf gegangen sind, weil durch Werbung und Fernsehen, durch Erzählungen und durch den Erdkundeunterricht bestimmte Vorstellungen aufgebaut, bestimmte Erwartungen geweckt wurden. Das geht vielen Menschen so. Und weil wir ähnliche Vorstellungen im Kopf haben, können wir uns mit wenigen, knappen Bildern gut verständigen. Holland – woran denken wir da zuerst? An Windmühlen und an Amsterdam! Stimmt's? Eine Stadt, ein Land, ja sogar Millionen Menschen eines ganzen Volkes werden so durch wenige Bilder repräsentiert. Eine solche „vereinfachte" Vorstellung bezeichnet man mit dem englischen Wort „**Image**".

Darf man die bunte, komplexe Wirklichkeit so vereinfachen? Vieles fällt dabei doch unter den Tisch, sodass die Wirklichkeit verzerrt zu werden droht. Was halten wir beispielsweise davon, wenn Amerikaner oder Japaner dieses Image von Deutschland haben: Bier – Sauerkraut – München – Brandenburger Tor? Doch welches Image haben wir von den USA: Wolkenkratzer, Indianer, Cowboys, Hollywood ...? Und wie ist das mit China: Große Mauer, Peking, eine Milliarde Menschen ... aber was noch? Images sind ein erster Schritt zur schnellen Verständigung. Im zweiten Schritt müssen wir unsere Vorstellungen ausbauen, verbessern. Wir müssen bereit sein mehr über die anderen Orte und die anderen Menschen in Erfahrung zu bringen, damit aus Images nicht **Vorurteile** werden.

6 Reiseerinnerungen

[1] Wenn du mit einem einzigen Bild Italien oder Großbritannien darstellen solltest, was für eins würdest du nehmen? Schreibe ein Stichwort auf und vergleiche dann in der Klasse.

[2] Images entstehen auf verschiedene Weise. Wofür ist der Text (5) ein Beispiel?

[3] Zwei Menschen tauschen Reiseerinnerungen aus (Zeichnung 6).
a) Beide sprechen vom gleichen Land. Von welchem?
b) Kann man von den Images auf die Interessen der beiden schließen?

[4] Schülerinnen und Schüler einer siebten Klasse haben ihre Vorstellungen von den USA in Stichworten gesammelt: Wolkenkratzer, Indianer, Cowboys, Hollywood, New York, Miami, Hamburger, Baseball ...
a) Was fehlt deiner Meinung nach?
b) Schreibe die Stichworte auf, die dir spontan zu China und zu Russland einfallen. (Überprüfe dann deine Stichworte anhand dessen, was du im Unterricht über diese Länder gelernt hast.)

[5] Abbildung (7) zeigt eine „Image-Umfrage".
a) Wie zuverlässig sind deiner Meinung nach die Aussagen über die Franzosen?
b) Vielleicht kennst du eine Französin oder einen Franzosen? Wie hast du sie erlebt?

Grüne Hölle und Zuckerhut. Luxushotels und Wellblechhütten, Karneval und Taschendiebe: Beim Stichwort Brasilien fällt jedem etwas ein. Ein riesiges Land – 24-mal größer als Deutschland – hat viele Gesichter. Es würde Monate dauern, es einigermaßen kennen zu lernen. Aber wer hat schon so viel Zeit und Geld?
SAMBA – SONNE – ABENTEUER:
BRASILIEN IN 14 TAGEN

5

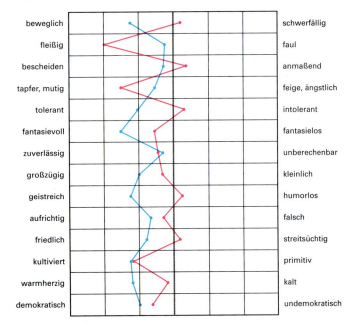

7

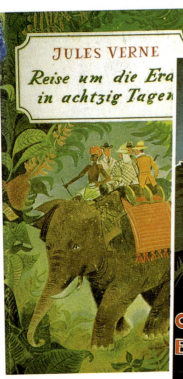

Schnell um die Welt

In 17 Tagen zu den schönsten Plätzen der Welt schafft man nur mit doppelter Schallgeschwindigkeit und der Concorde. Das schnellste Passagierflugzeug der Welt fliegt rund um den Globus von Paris nach Antigua in der Karibik, Las Vegas, Hawaii, Hongkong, Malaysia, Indien und Bahrain. Auf dem Programm stehen auch Ausflüge. Die Reise per Überschall kostet 43 900 Mark – Übernachtung, Essen sowie Exkursionen inklusive.

Die Welt „schrumpft"

Fast drei Jahre, vom 20. September 1519 bis zum 8. September 1522, dauerte die erste Weltumsegelung von Magellan und seinen Seeleuten. Damals gab es nur Segelschiffe. Die Geschwindigkeit von Dampflokomotiven und Dampfschiffen brachte 1873 den Schriftsteller Jules Verne auf die Idee, eine fantastisch-abenteuerliche „Reise um die Erde in achtzig Tagen" zu beschreiben. Heute fliegen Düsenflugzeuge in 25 Stunden um den Erdball. Und eine weitere Verkürzung der Reisezeiten ist denkbar. Jedem Reisenden, der Zeit und Geld hat, steht heute die weite Welt zur Verfügung. Ob dabei auch daran gedacht wird, wie stark die Umwelt durch den zunehmenden Flugverkehr belastet wird?

Noch aufregender ist eine zweite technische Entwicklung: die Entwicklung des Nachrichtenwesens. Dabei brauchen wir uns noch nicht einmal zu bewegen – die Welt kommt zu uns. Wir sitzen gemütlich zu Hause und über den Fernsehsatelliten wird uns live berichtet, wo der Präsident der USA sich gerade aufhält oder was beim Vulkanausbruch auf den Philippinen passiert ist. Wir sehen zu, als wären wir dabei. Per Satellit werden bereits Videokonferenzen rund um den Globus abgehalten. Per Satellit tauschen Forscher, Bankkaufleute oder Unternehmer Informationen aus, in Sekundenschnelle. Auch hier ist die Entwicklung noch nicht zu Ende.

Das alles hat Folgen für uns. Die Welt ist „kleiner" geworden. Aber in Wirklichkeit hat sich nicht die Entfernung verringert, sondern nur die Zeit zur Überwindung der Entfernung. Was anderswo passiert, betrifft auch uns. Was bei uns passiert, kann für die Welt wichtig sein. Wir sind schon lange nicht mehr nur Bürgerinnen und Bürger von Köln, Siegen oder Lengerich, von Deutschland oder von Europa. Wir sind **„Weltbürger"** geworden.

Unsere eine Welt

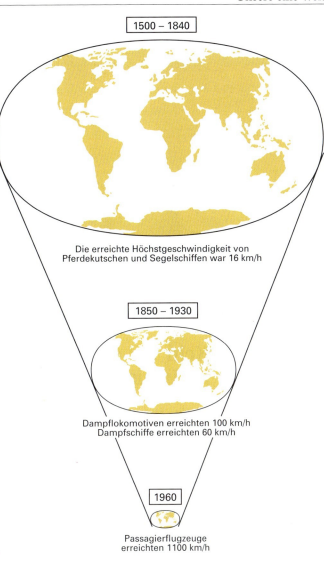

Die erreichte Höchstgeschwindigkeit von Pferdekutschen und Segelschiffen war 16 km/h

Dampflokomotiven erreichten 100 km/h
Dampfschiffe erreichten 60 km/h

Passagierflugzeuge erreichten 1100 km/h

1 Lass dir von deinen Großeltern berichten, wie weit sie in der Welt herumgekommen sind.

2 Betrachte die Reiseangebote in Abbildung (5). Hat jemand in deiner Familie schon etwas Ähnliches gemacht?

3 Besorge dir im Reisebüro einen Prospekt über Fernreisen. Suche die Zielgebiete im Atlas.

4 Schreibe aus der Fernsehzeitung heraus, über welche Gebiete der Erde das Fernsehen heute berichtet.

5 Was will die Abbildung (6) sagen?

6 Sammle Berichte oder Anzeigen aus der Zeitung, die zeigen, wie die Welt „geschrumpft" ist.

6

Warum fällt ein Satellit nicht vom Himmel? Auf seiner Umlaufbahn gleichen sich Erdanziehungskraft und Zentrifugalkraft gerade aus. Der Satellit fliegt dann ohne Eigenantrieb. In 35 790 km Höhe braucht er genau 24 Stunden für eine Erdumrundung. Von der Erde aus gesehen ist er dann „stationär".
Direktempfang über Satellit: Nur etwa 0,28 Sekunden benötigen die Funkwellen via Satellit von Rio de Janeiro bis zum Bildschirm in deiner Wohnung.

7

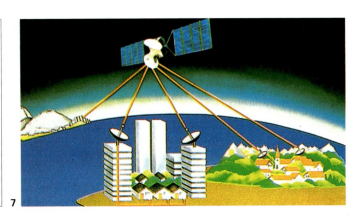

Unsere eine Welt

1 UNO-Gebäude in New York

Exporte pro Kopf in Dollar 1991

Land	Dollar
Belgien und Luxemburg (57)	11 359
Schweiz (27)	9 052
Niederlande (47)	8 901
Dänemark (27)	6 967
Deutschland (25)	6 172
Österreich (25)	5 327
Irland (38)	4 637
Frankreich (18)	3 847
GB (18)	3 220
Italien (15)	2 985
Japan (9)	2 548
USA (8)	1 677
Portugal (24)	1 648
Spanien (11)	1 524
Griechenland (13)	848

Zahl in Klammer = Exportquote (Exportleistung in Prozent)

2

Kein Teil der Welt ist für sich allein

Die Welt ist nicht nur enger „zusammengerückt", zwischen den Ländern und Völkern der Erde gibt es immer mehr Beziehungen und Verbindungen. Wer kennt nicht die Olympischen Spiele und die Weltmeisterschaften im Sport? Wer erlebt nicht täglich, wie einzelne Songs, Filme oder Fernsehsendungen weltweite Verbreitung gefunden haben?
Ein anderer wichtiger Bereich der **internationalen Zusammenarbeit** sind Wirtschaft und Handel. Rohstoffe oder Fertigwaren werden rund um die Erde transportiert. Deutsche bauen Fabriken im Ausland, andere schaffen Arbeitsplätze bei uns. Der Wohlstand in vielen Ländern der Erde hängt davon ab.
Von großer Bedeutung sind auch die politischen und militärischen Zusammenschlüsse. Am bekanntesten ist wohl die UNO, die in New York ihren Sitz hat. Sie will das friedliche Zusammenleben der Menschen regeln und fördern. Vielfach wird noch über ihren geringen Einfluss geklagt, aber ohne Friedenstruppen oder die Arbeit der zahlreichen Hilfs- und Sonderorganisationen der UNO sähe es schlechter in der Welt aus. Ein Beispiel für militärische Zusammenarbeit ist die NATO.
Ein neues großes Feld internationaler Zusammenarbeit ist der Umweltschutz. Luft und Wasser kennen keine Grenzen. Die leichtfertige Verschmutzung oder gar Vergiftung der Atmosphäre und der Flüsse und Meere trifft viele Länder gleichermaßen. Einer kann hier oft wenig tun, zusammen aber gibt es Lösungsmöglichkeiten.
Und schließlich schafft der Tourismus Chancen für Begegnungen und kulturelle Kontakte zwischen Menschen. Dadurch – das ist die Hoffnung – kann das gegenseitige Verständnis wachsen und das **Zusammenleben der Völker** verbessert werden.

Unsere eine Welt

Erdkunde – Wissen aus dem Alltag, Wissen für den Alltag

In den täglichen Nachrichten spielt die Einheit der Welt eine immer wichtigere Rolle. Die häufige Verwendung von Wörtern wie „global", „international", „weltweit" usw. zeigt das deutlich. Wir können deshalb das Erdkundebuch ergänzen und aktualisieren, wenn wir eine Woche lang Fernsehnachrichten, Zeitungen und andere Informationsquellen auswerten.

Stellt die Berichte zusammen, in denen von Zusammenarbeit, Beziehungen oder Abhängigkeiten der Länder und Völker untereinander die Rede ist.

Und so geht ihr dabei vor:

1. Eine Gruppe sammelt Berichte zu Wirtschaft und Handel, die andere zu Politik und Sicherheit, die dritte zu Tourismus und Reisen, die vierte zu Natur und Umweltschutz.
2. Schneidet die Nachrichten aus oder schreibt selber eine kurze Mitteilung und klebt sie auf einen Zettel.
3. Das Material könnt ihr in einem Aktenordner oder als Wandzeitung zusammenstellen.

„Toll, Anna: Wir faulenzen hier und helfen dabei anderen sich zu entwickeln."

[1] Was hast du schon über die UNO und ihre Arbeit gehört? Berichte.

[2] Erläutere die Abbildung (2).

[3] Welche internationalen Beziehungen und Abhängigkeiten zeigen die Meldungen (5)?

[4] Welche wirtschaftlichen, politischen und militärischen Bündnisse kennst du in Europa?

[5] Schaut euch Karikatur (4) an.
a) Welcher Sachverhalt ist hier vereinfacht dargestellt?
b) Sind die Zusammenhänge nicht komplizierter? Sprecht darüber.

[6] Deutschland in der Welt.
a) Nenne Beispiele, die verdeutlichen, wie Deutschland in die internationale Zusammenarbeit eingebunden ist.
b) Kennst du Beispiele, die zeigen, welche Vorteile Deutschland davon hat?

Internationalisierung als Chance

Die Unternehmensgruppe Schuler ist ein Beispiel für die Möglichkeiten, die sich durch eine Internationalisierung erreichen lassen... Mit der Schaffung einer weltweiten Präsenz wird aber auch ein Beitrag zur Standortsicherung in Deutschland geleistet. Projektierung, Engineering und die Fertigung anspruchsvoller Know-how-Teile bleiben dem Stammhaus in Baden-Württemberg vorbehalten. Hierzu werden in steigendem Maße hoch qualifizierte Mitarbeiter benötigt. (Aus einem Zeitungsbericht 1995)

1

Unternehmensgruppe Schuler (Göppingen)
- 1839 Firmengründung
- 1878 erstes Patent (heute 600)
- 1900 erste Transferpresse (Weltausstellung Paris)
- 1924 Erste Karosseriepresse für die Massenfertigung der Automobilindustrie
- Ab 1961 Gründung von Tochtergesellschaften und Servicezentren im Ausland

2

Produktionsstandort „international"

Die Unternehmensgruppe Schuler in Göppingen – das ist zunächst einmal ein typisches Beispiel für eine schwäbische Unternehmensgeschichte. Wie bei Bosch, Märklin oder WMF ist es die Geschichte von der Entwicklung des kleinen Handwerkerbetriebs zum Großunternehmen, von der örtlichen Marktversorgung zum Weltmarktexport und vom Kampf um den Markt durch ständige Produktneuerungen.

1839 nimmt Louis Schuler als Schlosser mit einem Lehrling seine Arbeit auf. Die Bearbeitung von Metallwaren und die Herstellung von Maschinen waren für ihn wie für viele Zeitgenossen die große neue Herausforderung. So bestand z. B. großer Bedarf für Werkzeuge und Maschinen zur Blechverarbeitung. Wertvolle Anregungen erhielt Louis Schuler von der durch die württembergische Landesregierung eingerichteten Stelle für Gewerbeförderung in Stuttgart. Hier lernte er Maschinen kennen, die 1851 auf der Weltausstellung in London gezeigt worden waren. Sein Produktionsziel wurde nunmehr die Blechumformung. Sein Sohn machte aus dem Familienbetrieb ein wachsendes Unternehmen für Maschinen und Werkzeuge zur Blechverarbeitung (vor allem Pressen). Schon 1860 gingen erste Exporte ins Ausland.

1900, auf der Weltausstellung in Paris, stellte Schuler eine Weltneuheit aus: die erste Transferpresse. Diese Maschine erledigte automatisch alle Bearbeitungsschritte hintereinander. Schuler war damit Marktführer durch eine – wie es heute heißt – Produktinnovation.

Seit Anfang der 20er-Jahre wird dann für das Unternehmen die Ausrichtung auf die schnell wachsende Nachfrage der Automobilindustrie maßgebend. Immer größere Werkzeugmaschinen zur automatischen Herstellung (Pressen, Ziehen) von Karosserieteilen werden weltweit benötigt; Schuler fertigt maßgeschneiderte Lösungen für fast alle Automobilunternehmen. Seine führende Position hielt das Unternehmen durch Spezialisierung und ständige Produktweiterentwicklung bei hoher Qualität. So wurden beispielsweise sehr früh schon rechnergesteuerte Karosseriepressen gefertigt.

Seit 1960 reagiert Schuler – wie davor auch schon andere Firmen mit Weltmarktorientierung – auf die sich ändernden Marktbedingungen: durch eine **„Globalisierung"** der Unternehmensstruktur.

3

Unsere eine Welt

Interview mit Herrn Dr. Frontzek, zuständig für die Öffentlichkeitsarbeit.

– Bis um 1960 war Schuler ein Unternehmen mit dem Standort Deutschland und einer Produktion für den Weltmarkt.
Welche Rolle spielte der Export?

• Der Export spielte für Schuler schon früh eine sehr wichtige Rolle. Bereits 1905 wurden Münzprägemaschinen sogar nach China geliefert. Nach 1945 ging der größte Teil des Exports in das europäische Ausland, um 1960 lag der Anteil des Exports bei 40 % (1995: 70 %).

– Mit Standortverlagerungen und Tochtergründungen im Ausland beginnt ab 1960 eine Phase der Internationalisierung. Welche Gründe gab es für diesen Schritt?

• Seit den 60er-Jahren verlagerte die Automobilindustrie Produktionsstandorte, z. B. auch in sog. Schwellenländer wie Brasilien. Durch den Aufbau eigener Standorte am Ort konnte Schuler Hemmnisse beim Zugang zum Markt umgehen. Die Vor-Ort-Produktion verbesserte den Kundenkontakt, einheimische Produkte konnten einbezogen werden und die Maschinen waren ohne Einfuhrzölle in Landeswährung viel besser zu verkaufen. Vor allem aber ergaben niedrige Lohnkosten einen Vorteil im internationalen Wettbewerb.

– Internationalisierung bedeutet eine innerbetriebliche und auch regionale Arbeitsteilung. Können Sie ein Beispiel nennen?

• Nehmen wir den Auftrag einer großen Transferpresse für Chrysler, USA. Unsere Tochter in Columbus/Ohio beschaffte den Auftrag. Dann wurde er nach Know-how, Kostenvorteilen und Produktionsauslastung innerhalb der Schuler-Gruppe „aufgeteilt":
1. anspruchsvolle Know-how-Teile kamen aus dem Stammhaus in Göppingen,
2. ein spezialisiertes Tochterunternehmen aus Deutschland lieferte hydraulische Teile,
3. eine weitere Tochter fertigte Teile der Automation,
4. andere Teile der Presse konnten am kostengünstigsten bei Schuler-Brasilien gefertigt werden.

Dieses Vorgehen ermöglicht eine kostengünstige „Mischkalkulation" und verbessert die internationalen Verkaufschancen. Weil es die einzelnen Standorte auch gleichmäßiger auslastet, sichert es zugleich Arbeitsplätze.

– Was bedeutet die Strategie der „Globalisierung" für die Zukunft?

• Es bedeutet Vorteile bei der Beschaffung und bei der Produktion. Außerdem wird man unabhängiger von Wechselkursschwankungen und kann Lohnkostenvorteile nutzen.

Internationaler Aufbau der Schuler-Gruppe nach 1961
(außer Erweiterungen in Deutschland)
1965 Prensas Schuler; São Paulo, Brasilien
1971 Schuler Iberica; Barcelona, Spanien
1978 Schuler Incorporated; Columbus/Ohio, USA
1990 Spiertz Presses; Straßburg, Frankreich
1994 Shanghai Schuler Presses; Shanghai, V. R. China
Beschäftigte bei Schuler 1995: 3500, davon 2500 in Deutschland

5

3 Erste Transferpresse der Welt (1900)

4 Beispiel einer Großteil-Transferpresse zur Herstellung von Karosserieteilen. Verschiedene Arbeitsstufen folgen rechnergesteuert aufeinander. Produktionsumstellung durch Werkzeugschnellwechsel (Ausfahrtische), links vor der Anlage in Bereitschaft

Unsere eine Welt

Transnationale Unternehmen
(Länderbeispiele 1991/1995)

	Stammsitz-Firmen	Zweigbetriebe
Deutschland	7560	12 566
Japan	3640	3 125
Schweiz	3000	4 000
USA	2972	15 341
Frankreich	2218	7 610
Südkorea	1049	3 671

6

Globalisierung als Unternehmenskonzept

Die Schuler GmbH ist nur ein Beispiel. Die veränderten Weltmarktbedingungen betreffen heute alle exportorientierten Industriezweige. Denn was einmal gestimmt hat, gilt immer weniger: Dass die Industrie eines Landes Güter exportiert, die auch in allen Teilen aus den Produktionsstätten dieses Landes stammen. Seither bewegten sich die Güter, weniger das Kapital. Heute aber wandert – parallel zu den Warenexporten – auch das Kapital in den „Export", z. B. als Investitionen in Tochterfirmen, für Gemeinschaftsunternehmen (Jointventures) oder für Servicezentren. Die Gründe:
– Die heimischen Märkte sind weitgehend gesättigt. Neue Märkte müssen erschlossen werden, z. B. in Entwicklungsregionen wie Brasilien oder China.
– Die Produktion vor Ort kann mögliche Einfuhrhemmnisse umgehen, schnellen Service bieten und das Wechselkursrisiko mindern.
– Man kann in Ländern mit niedrigen Lohnkosten produzieren.

„Die Welt ist nicht nur ein großer Markt, sondern auch ein Dorf geworden. Telekommunikation und Computertechnik erlauben die Übertragung von Daten in Sekundenschnelle rund um den Globus. Selbst komplizierte Entwicklungsleistungen können inzwischen verlagert werden, internationale Teams, die sich gegenseitig ablösen, können dank der Zeitverschiebung rund um die Uhr an einem Projekt arbeiten".
Einzelne Großunternehmen, die sog. Multis (Multinationale Konzerne) aus den USA oder Europa, haben hier Pionierarbeit geleistet, dann kamen Betriebe aus Japan und heute auch Staaten wie Korea hinzu. Diese Konzerne beschäftigten 1994 weltweit rund 73 Mio. Mitarbeiter; ihre Wirkung für die Entwicklung einzelner Gebiete ist mittlerweile mindestens so groß wie die einzelner Länderregierungen.

Transnationale Unternehmen
(Zahl der Beschäftigten in 1000)

	Gesamt	davon im Ausland
Royal Dutch (Shell)	127	91
Exxon	95	59
IBM	301	143
General Motors	750	272
Nestlé	218	211
Ford	325	167
Matsushita Electr.	252	94
Siemens	380	160

8

Aus aktuellen Zeitungsberichten:

VW sucht Welt-Manager
„One-World-Manager" als neues Leitbild für Führungskräfte

Unaufhaltsame wirtschaftliche Globalisierung
(Welt-Investitionsbericht der UNCTAD)

Siemens-Konzern sieht Fortschritte bei der Globalisierung

Jeder Zehnte arbeitet in einem multinationalen Unternehmen

7

Samsung plant eine massive internationale Expansion
Samsung-Gruppe, Seoul.
Seit Ende vergangenen Jahres hat die Gruppe ein Abkommen mit Japans zweitgrößtem Automobilproduzenten Nissan Motor Co im Automobilbau unterzeichnet, ist eine Kooperation mit der französischen Eurocopter für den Bau von Hubschraubern eingegangen, arbeitet in der Halbleiterproduktion mit dem japanischen Elektrokonzern NEC Corp. eng zusammen und hat erst jüngst die traditionsreiche Rollei Fototechnik GmbH in Braunschweig übernommen.
Im Zuge der ehrgeizigen Globalisierungsanstrengungen will der Konzern in Europa eine große Halbleiteranlage selber bauen oder kaufen. Allein in Deutschland will Samsung dem Vernehmen nach rund 20 Betriebe kaufen.
(Frankfurter Allgemeine Zeitung, 24. 2. 95)

Unsere eine Welt

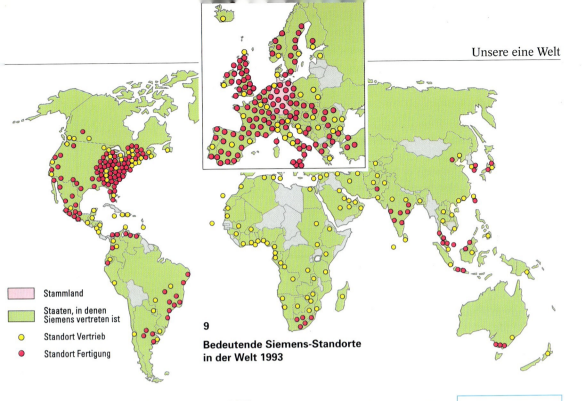

9 Bedeutende Siemens-Standorte in der Welt 1993

Legende:
- Stammland
- Staaten, in denen Siemens vertreten ist
- ○ Standort Vertrieb
- ● Standort Fertigung

Und die heimischen Arbeitsplätze?

Produzieren im Ausland ist für bestimmte Industriezweige in Deutschland, wie die Textilindustrie, die Schuhindustrie oder die Möbelherstellung, aber auch für Ingenieurleistungen oder Softwareproduktion nicht in erster Linie Teil einer Strategie zur Sicherung neuer Märkte. Es ist auch eine Überlebensstrategie, denn Deutschland ist ein Hochlohnland, wodurch sich die Produkte verteuern und schnell an die Grenze der Wettbewerbsfähigkeit stoßen. Meist bleiben dann das Stammhaus, die Planung und die Produktentwicklung im Lande, verlegt aber wird die Fertigung in Niedriglohnländer wie Portugal oder in Staaten Ostmitteleuropas, aber auch bis nach Südostasien.

Dieser Weg der Internationalisierung kostet zweifellos Arbeitsplätze. Umfassendere Globalisierungspläne gehen aber davon aus, dass durch die weltweite Streuung der Produktion und des Verkaufs ebenso das Verbleiben heimischer Arbeitsplätze gesichert wird.

1 Nenne Gründe für die Standorte in Brasilien und China mit Hilfe der Aussagen im Interview (10).

2 Formuliere mit eigenen Worten eine Definition von Globalisierung.

3 Vergleiche die Argumente für eine Globalisierung aus dem Interview mit denen im Text auf den Seiten 96/97. Nenne mindestens fünf Gründe.

4 Beschreibe Folgen der Globalisierung der Unternehmen anhand der Daten in den Tabellen (6) und (8).

5 Ein transnationales Unternehmen will eine Exportstatistik aufstellen. Wodurch gibt es Probleme?

6 Werte die Karte (9) aus.
a) Nenne die Länder, in denen Siemens Fertigungsstandorte hat.
b) Vergleiche die Verhältnisse in Afrika mit denen in Südamerika.

7 In Brasilien sind neben Schuler mehr als 1000 deutsche Firmen mit Produktion oder Vertrieb vertreten. Welche Begründungen wird ein Firmenvertreter geben?

8 Weltweite Vernetzungen haben Folgen für unser Verständnis von der Erde. Sprecht darüber.

Siemens-Chef H. von Pierer: Weltweit verteilte Standorte ermöglichen eine neue Form der Mischkalkulation. Ein Beispiel: Ein Milliarden-Auftrag für ein Kraftwerk in Taiwan ging nur deshalb an Siemens, weil der Konzern aus verschiedenen Standorten (USA, Deutschland, Taiwan) die günstigsten Komponenten zusammenbaute.

10

Unsere eine Welt

Das Netz der Weltprobleme

Der Forscher F. Vester stellt die Frage nach dem entscheidenden Unterschied zwischen den Verhältnissen in früheren Zeiten und denen der heutigen Welt: „Einen außerplanetarischen Beobachter würde die plötzliche Zunahme der Menschendichte auf diesem Planeten im Laufe der letzten 300 Jahre aufgefallen sein. Vor allem aber die zunehmende Dichte der von ihm geschaffenen „Systeme" wie Städte, Straßen, Fabriken, Landwirtschaft, Bergbau und Verkehr. Gerade zwischen diesen künstlichen Systemen unserer Zivilisation ist kaum noch freier Raum, der früher unsere Eingriffe in die Biosphäre ausgleichen konnte. Technik und Industrialisierung sind in ihren Auswirkungen auf die Umwelt um ein Mehrhundertfaches dessen angestiegen, als es dem Anwachsen der Zahl der Menschen entspricht. Damit ist unsere **Zivilisation** zu einem dichten, weltumspannenden Netz geworden. Je größer die **Vernetzung**, um so mehr häufen sich aber auch die Rückwirkungen und Folgen auf irgendwelche Eingriffe."

Will man also globale Vernetzung verstehen, so muss man üben in globalen Zusammenhängen zu denken. Zum Beispiel an der Vernetzung der Weltprobleme – hier stark vereinfacht dargestellt.

1 Gruppenarbeit:
a) Übertragt die eingerahmten Begriffe des Schemas auf eine große Plakatwand.
b) Erweitert das Schema an den Stellen, wo ihr es für notwendig haltet.
c) Diskutiert die Frage, welche Schwächen ein solcher Darstellungsversuch hat.

2 Wähle unterschiedliche Ausgangspunkte zum Lesen der Vernetzungsdarstellung und begründe.

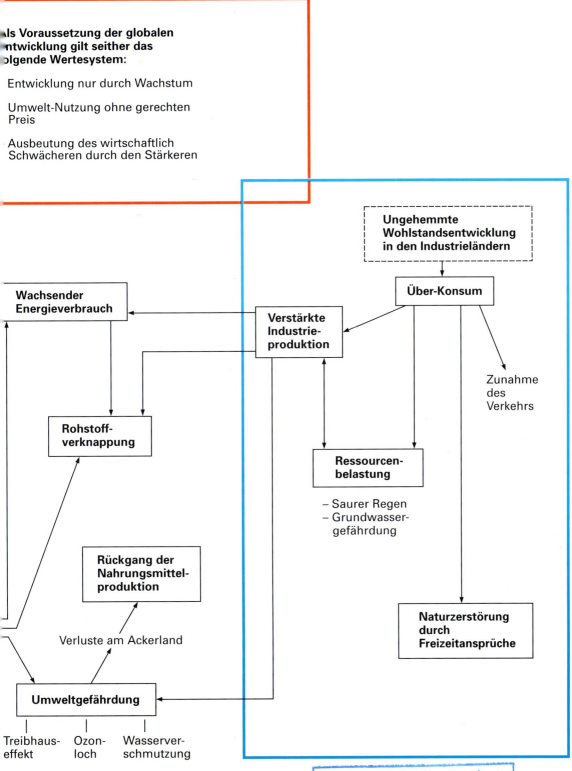

Unsere eine Welt

UNO, Rio …?

Die Vernetzung aller Lebensbereiche auf der Erde nimmt zu. Andererseits bestehen mehr als 190 Nationalstaaten auch weiterhin nebeneinander.
Unternehmensentscheidungen, Handelsbeziehungen und Umweltprobleme sind grenzüberschreitend, aber die wichtigen politischen Entscheidungen fallen fast ausschließlich auf Staatsebene.
Wie lange kann das gut gehen?
Welche Wege gibt es, „Interessen der Menschheit" durchzusetzen?
Allein die beiden Weltkriege haben seither entsprechende Reaktionen ausgelöst, und zwar mit der Gründung des Völkerbundes 1918 und der Vereinten Nationen (UN) im Jahr 1945.
1995 feierten die UN Jubiläum. Wenn ihre Wirksamkeit auch geringer als erhofft und zum Teil umstritten ist: Mit ihren Teilorganisationen sind sie der bis heute umfassendste Versuch, grenzüberschreitenden Problemen zu begegnen und globale Strategien, z. B. über Weltkonferenzen, zu fördern.

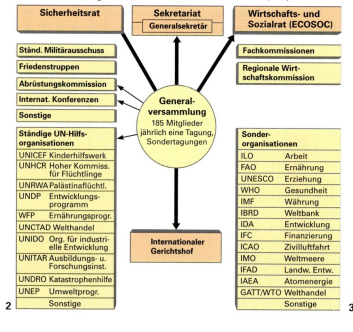

Weltbevölkerungskonferenz 1974 Bukarest
Teilnehmer: 136 Staaten
„Weltaktionsplan": Soziale und wirtschaftliche Veränderungen als Lösung von Bevölkerungsproblemen. These „Entwicklung ist die beste Pille".

Weltbevölkerungskonferenz 1984 Mexiko
Teilnehmer: 146 Staaten
Forderungen: Bevölkerungs- und Familienpolitik in die soziale und wirtschaftliche Entwicklung integrieren; Aufwertung der Rolle der Frau.

Weltbevölkerungskonferenz 1994 Kairo
Internationale Konferenz für Bevölkerung und Entwicklung
Teilnehmer: 181 Staaten
„Aktionsplan" mit den Zielen
– Begrenzung des Bevölkerungswachstums
– Recht der Familien auf Entscheidung über Kinderzahl
– Aufwertung der Rolle der Frau im gesellschaftlichen Entwicklungsprozess

Unsere eine Welt

**Weltkonferenz
1972 Stockholm**
UNO-Konferenz für Umwelt und Entwicklung
Teilnehmer: 113 Staaten
Erste weltweite Konfrontation der Auffassungen über globale Umweltpolitik.
Industrieländer: Notwendigkeit der Begrenzung industrieller Umweltverschmutzung und von Ressourcenmanagement
Entwicklungsländer: „Poverty is the biggest polluter"
Ostblock: Umweltprobleme sind Probleme der kapitalistischen Länder
Kompromiss: Ein „Action Plan for the Human Environment"

**Weltkonferenz
1992 Rio**
Internationale Konferenz für
Umwelt und Entwicklung
Teilnehmer: 170 Staaten
– „Erklärung von Rio": als Leitlinie für den Umgang der Staaten untereinander und mit der Erde
– „Agenda 21": als Regeln für eine nachhaltige Ressourcennutzung
– Konvention zum Schutz des Klimas
– Konvention zum Schutz der Artenvielfalt

Der „Erdgipfel" von Rio 1992 ist ein eindrucksvolles Zeugnis dafür, wie weltweit das Bewusstsein dafür wächst, das es zu einem solidarischen Handeln kommen muss. Noch stoßen die Interessen entsprechend dem Wohlstandsgefälle zwischen den Staaten hart aufeinander. Über Teillösungen wird aber weiter verhandelt: So der Klimagipfel in Berlin 1994 oder der Sozialgipfel in Kopenhagen 1995.
Sind wir damit auf dem richtigen Weg? Kein Beschluss dieser Konferenzen ist für die beteiligten Staaten verbindlich, wenn die nationalen Parlamente nicht zustimmen!
Völkerrechtlich verbindliche Absprachen gibt es seither nur durch den Beitritt zu einigen „Konventionen", so z. B. der Seerechtskonvention.

1 Sprecht über die Voraussetzungen und Möglichkeiten für eine internationale „Erdpolitik".

Erklärung von Rio (Auszug)
Grundsatz 7
Die Staaten sollen im Geiste einer globalen Partnerschaft zusammenarbeiten, um die Unversehrtheit und Einheit des Ökosystems der Erde zu schützen und wiederherzustellen. In Anbetracht der unterschiedlichen Beiträge zur globalen Verschlechterung der Umwelt tragen die Staaten eine gemeinsame, aber differenzierte Verantwortung. Die Industrieländer erkennen die Verantwortung an, die sie im internationalen Bestreben nach anhaltender Entwicklung tragen, in Anbetracht der Belastungen, die ihre Gesellschaft der Umwelt auf der ganzen Welt auferlegt und der Technologien und finanziellen Ressourcen, über die sie verfügen.

4

**3
Beispiele für die Abfolge von Weltkonferenzen**

**Internationale
Seerechtskonvention**
1958 Erste Seerechtskonferenz
1960 Zweite Seerechtskonferenz
1967 UN-Ausschuss zu Fragen der wirtschaftlichen Nutzung der Tiefsee
1970 Vorläufige Deklaration: Der Meeresboden ist „Erbe der gesamten Menschheit"
1973 Dritte Seerechtskonferenz (150 Staaten nehmen teil)
1982 Vertragstext wird vorgelegt (nach 20 Jahren Verhandlung). Einsprüche der USA und anderer Industriestaaten zur Sicherung ihrer Interessen.
1994 Abschluss der Konvention über die Nutzung der Meere (einschl. der Regelung der nationalen Seemeilenzonen)
Seegerichtshof in Hamburg

101

Unsere eine Welt

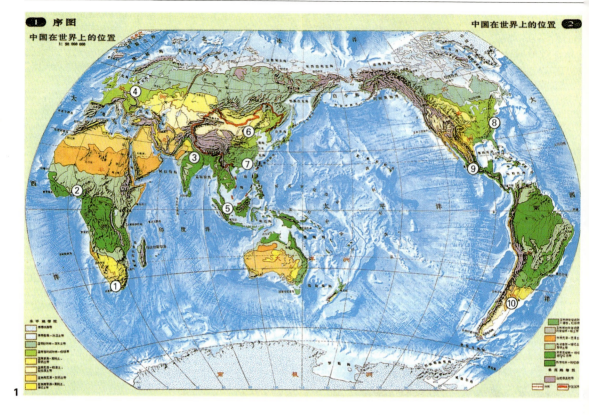

Weltbilder

Eine chinesische Weltkarte? Warum nicht – wir kennen uns doch in unserer Welt aus! Wo liegt also Deutschland und wo Europa? Nicht mehr in der Mitte, wieso?

China versteht sich seit alters her als „Reich der Mitte". China hat eine über 4000-jährige Geschichte. Lange vor der übrigen Welt glückten den Chinesen bedeutende Erfindungen: Schießpulver, Porzellan, Buchdruck und Geld aus Papier. Die Chinesen fühlten sich als geistiger und politischer Mittelpunkt der Welt, als Inbegriff jeglicher Zivilisation. Die anderen Völker ringsum waren für sie nur Barbaren.

Und die Nordamerikaner und die Südamerikaner? Sehen sie sich nicht auch in der Mitte der Welt, so wie wir in Europa? Wir merken: Die Welt ist eins, aber es gibt verschiedene **Weltbilder.**

Nachrichten aus aller Welt

- Beijing – Panda-Bären vom Aussterben bedroht.
- Hongkong – Hafenstadt 1997 endlich wieder chinesisch.
- Berlin (Deutschland) – Gefahr für Ausländer. Jugendliche überfallen Asylbewerber.
- Neu-Delhi (Indien) – Weiterer Bevölkerungsanstieg befürchtet.
- Buenos Aires (Argentinien) – Farmer leiden unter EG-Agrarpolitik.
- Mexico City – Freihandelszone mit USA und Kanada ein Erfolg.
- Lagos (Nigeria) – Konferenz afrikanischer Staaten eröffnet.
- New York – Kältewelle lähmt Osten der USA.
- Kapstadt (Südafrika) – Regierungsbeteiligung der Schwarzen erweitert.
- Singapur – Botschafter empfängt Auslandschinesen.

Unsere eine Welt

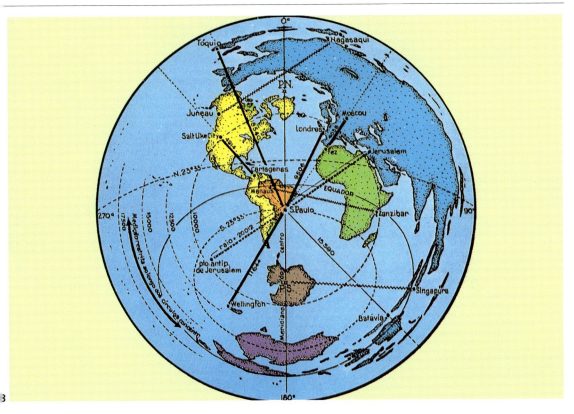

1 In der Karte (1) sind Ziffern eingedruckt. Ordne die Kurznachrichten (2) zu.

2 Bringt die Zeitung vom letzten Tag mit. Markiert die Punkte auf dem Globus, über die berichtet worden ist.
a) Was stellt ihr über die Verteilung der Punkte fest?
b) Was wisst ihr schon über die Punkte, über die berichtet worden ist?

3 Vorderindien und Hinterindien:
a) Welche Gebiete der Erde sind gemeint?
b) Wie können die Chinesen diese Gebiete der Erde bezeichnen?
c) Welche anderen Gebiete der Erde sind nach der Lage zu Europa benannt worden?

4 Wie sehen die Amerikaner die Welt?
a) Beschreibe die Lage der anderen Kontinente von Brasilien aus (Abbildung 3).
b) Mache das Gleiche für die USA.

5 Internationaler Handel: Beschreibe mit Hilfe des Atlasses den Transportweg von
a) Erdöl aus dem „Vorderen Orient",
b) Eisenerz aus Nordaustralien,
c) Kaffee aus Brasilien nach Europa, Nordamerika und Ostasien.

6 Ein Flugzeug fliegt von Beijing direkt nach Berlin.
a) Welche Länder überquert es?
b) Wie lang ist die Strecke?
c) Findet selber weitere Beispiele.

7 Das Globusspiel: Erdkundeunterricht in Deutschland, USA und China. In allen drei Ländern sitzen Schülerinnen und Schüler vor dem Globus. Teilt die Klasse entsprechend in drei Gruppen auf. Jede Gruppe beschreibt die Lage von Kanada, Nordafrika, Australien ... (Findet selber weitere Beispiele – möglichst auch zum Raten.)

Unsere eine Welt

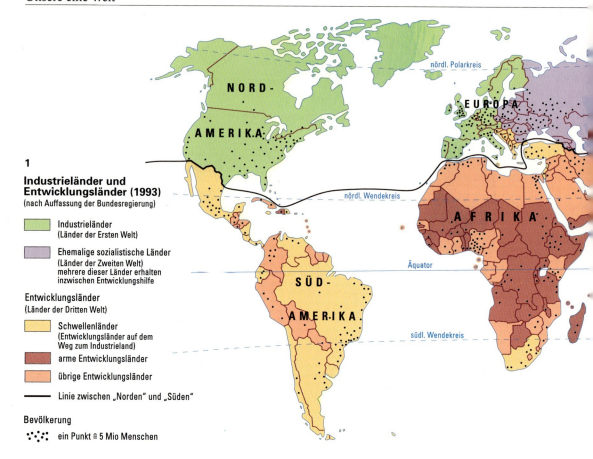

1 Industrieländer und Entwicklungsländer (1993)
(nach Auffassung der Bundesregierung)

- Industrieländer (Länder der Ersten Welt)
- Ehemalige sozialistische Länder (Länder der Zweiten Welt) mehrere dieser Länder erhalten inzwischen Entwicklungshilfe

Entwicklungsländer (Länder der Dritten Welt)
- Schwellenländer (Entwicklungsländer auf dem Weg zum Industrieland)
- arme Entwicklungsländer
- übrige Entwicklungsländer
- Linie zwischen „Norden" und „Süden"

Bevölkerung
ein Punkt ≙ 5 Mio Menschen

Fünf Welten? Eine Welt!

An die Bezeichnung Dritte Welt als Sammelbegriff für die Entwicklungsländer haben wir uns gewöhnt. Aber zwischen ihnen gibt es gewaltige Unterschiede. Deshalb hat die UNO nach 1971 noch zwei weitere Gruppen gebildet: Die Least Developed Countries (LLDC), also die am wenigsten entwickelten und damit am hilfsbedürftigsten. Und die Schwellenländer (NIC = Newly Industrialized Countries), die auf dem Weg zum Industrieland sind.
Zur ersten Welt zählen die Länder Nordamerikas und Westeuropas, Japan, Australien und Neuseeland.

Die zweite Welt gibt es nicht mehr. Zu ihr zählten die kommunistischen Länder Ost- und Südosteuropas und die frühere Sowjetunion.

Fünf Welten also?

Wenn man die Probleme der Welt daran fest macht, welche Möglichkeiten den Menschen zur Gestaltung ihres Lebens zur Verfügung stehen, dann reduziert sich alles auf die Gegensätze zwischen Arm und Reich, wenn auch auf ganz unterschiedlichem Entwicklungsstand. Dann kann man unterscheiden zwischen:

Nord und Süd

Das ist der globale Vergleich, die Unterscheidung zwischen reichen Industriegesellschaften und der Dritten Welt.

Unsere eine Welt

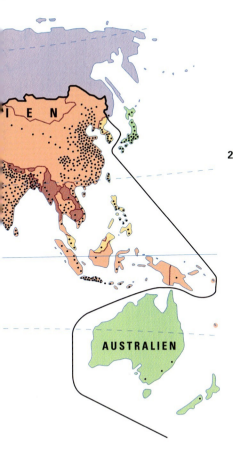

2 „Der ständige Begleiter"

Eine Welt – One World!

Die Menschen in anderen Ländern waren – von Deutschland oder von Europa aus betrachtet – lange Zeit nur interessant, aber weit weg. Unsere Verhältnisse hier, ihre dort. Was gehen mich die Probleme der anderen an?

Oder wir haben uns die Verhältnisse in anderen Ländern der Erde zunutze gemacht – zu unserem Nutzen! Heute hat sich vieles verändert: Handelsbeziehungen, Urlaubsreisen, Umweltbelastungen, Schuldenkrise, Bevölkerungswachstum ... Kein Teil der Welt kann sich mehr ausschließen – alles hängt mit allem zusammen. Wir alle haben nur eine Welt.

„Zum ersten Mal haben wir zunehmend gleiche Probleme. Detroit und Caracas, New York und Mexiko-City, Los Angeles und Rio de Janeiro – sie alle haben die gleichen Schwierigkeiten mit Drogen, mit Gewalttätigkeit, mit Aids, mit Obdachlosen, mit Arbeitslosen ..."
(C. Fuentes, mexikanischer Schriftsteller)

3

1 Die Karte (1) zeigt dir – wie die vorangehenden Kapitel – eine Welt voller Unterschiede. Dennoch geht es heute um das Bewusstsein von der „einen Welt".
Worin liegt das begründet?

2 Welche Aussagen macht die Karikatur (2) zum Thema „eine Welt"?

Süd und Süd
Das trägt der Tatsache Rechnung, dass die rund 135 Länder der Dritten Welt große Unterschiede untereinander aufweisen.

Innerhalb Süd
In jedem Land der Dritten Welt gibt es seinerseits wieder große Unterschiede zwischen Arm und Reich.

Innerhalb Nord
Industrieländer sind nicht nur reich. Auch hier kennt die Gesellschaft das Nebeneinander von Arm und Reich.

Unsere eine Welt

1
Auf der Insel Bali, Indonesien

3 Gamelan-Orchester

Barong-Tanz vor einem Hindutempel. Dargestellt wird der Kampf zwischen Gut und Böse. Dazu spielt ein Gamelan-Orchester mit traditionellen Instrumenten.

Weltreligionen (1994, Auswahl)	
Weltbevölkerung	5630 Mio.
davon:	
Christen	1901 Mio.
Moslems	1033 Mio.
Hindus	764 Mio.
Buddhisten	339 Mio.
Juden	13 Mio.

Moslems beim Gebet in der Sinai-Wüste

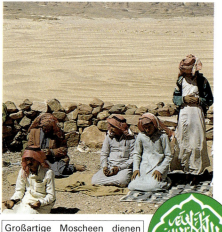

2

Großartige Moscheen dienen den Moslems zum täglichen Gebet. Die Gläubigen beten auch unter freiem Himmel, dabei stets nach Mekka gewandt.

4
Faisal-Moschee in Islamabad, Pakistan

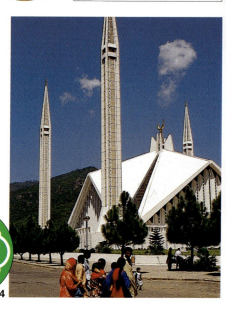

Vielfalt der Kulturen

Kultur
Die Kultur eines Volkes wird vor allem geprägt durch seine
– Religion,
– Sprache,
– Kunst, z. B. Musik, Malerei, Architektur,
– Tradition, z. B. Sitten und Bräuche, Feiern und Feste.
– Essgewohnheiten,
– Wirtschaftsweise,
– Geschichte.

Leben in der „einen Welt" – das heißt Leben in kultureller Vielfalt. Jede Kultur hat ihren eigenen Wert, auch wenn sie anders ist als unsere. Vieles in der Kultur hat seinen Ursprung in der Religion: Sie bestimmt den Alltag, das Verhalten und die Einstellungen der Menschen. Aus ihr sind oft Musik, Tänze, Baukunst, Sitten und Bräuche eines Volkes entstanden. Um fremde Menschen zu verstehen, sollten wir uns auch mit ihrer Religion befassen: mit den Unterschieden und Gemeinsamkeiten!

5

Kulturelle Vielfalt auch bei uns
„Mit den Menschen kommt auch ihre Kultur zu uns: ihre Kleidung und Lebensweise, ihre Sprache und Religion. Man muss ihnen diese lassen, sonst nimmt man ihnen ihre Identität, also all jene Dinge, die für sie im Leben wichtig geworden sind. Sie müssen einerseits unsere Verfassung und unsere Gesetze achten, andererseits müssen wir ihnen dabei helfen, ihre eigene kulturelle Identität zu bewahren."
Viele von uns erleben kulturelle Vielfalt als Bereicherung. Sie suchen Kon-

Unsere eine Welt

In prachtvollen Tempeln bringen Buddhisten ihre Gebete und Opfer dar. Die Lehre des Buddha wird in vielen Klöstern studiert.

Tempel Wat Phra Keo in Bangkok

6
Mönche in einem thailändischen Kloster

7
Klagemauer in Jerusalem

Juden beim Gebet

Jerusalem ist für die Juden ein heiliger Ort. Besonders verehrt wird die Klagemauer, die noch vom zerstörten Tempel Salomons zeugt.

takt mit Fremden, wollen deren Einstellungen und Verhaltensweisen besser kennen- und verstehen lernen. Manche sehen sich durch die kulturelle Vielfalt bedroht und wollen Fremde ausgrenzen. Unser Grundgesetz regelt das Zusammenleben von Menschen unterschiedlicher Herkunft und Kultur: „Niemand darf wegen seines Geschlechts, seiner Abstammung, seiner Rasse, seiner Sprache, seiner Heimat und Herkunft, seines Glaubens, seiner religiösen und politischen Anschauungen benachteiligt oder bevorzugt werden."

1 Bildet vier Gruppen:
a) Erstellt aus den Materialien eine kurze Information über eine der Religionen.
b) Sucht die Verbreitungsgebiete dieser Religion auf der Erde im Atlas.
c) Berichtet über die Ergebnisse.
d) Sammelt Materialien, z. B. aus Reiseprospekten. Fertigt eine Wandzeitung.
2 Kulturelle Vielfalt als Bereicherung! Suche nach Beispielen in deiner Umgebung. Beachte dabei den Text (5).
3 „Alle Menschen sind gleich. Nur ihre Gewohnheiten sind verschieden." Dies sagte der chinesische Gelehrte Konfuzius schon vor 2500 Jahren. Wie denkst du darüber?

Zum Nachdenken
Liebe deinen Nächsten wie dich selbst.
(Jesus)
Denen, die Gutes tun, soll der beste Lohn werden.
(Mohammed)
Du sollst Leben nicht zerstören.
(Buddha)
Verflucht sei, wer das Recht des Fremdlings beugt.
(Moses)

Unsere eine Welt

Andere Kulturen verstehen!

Eigentlich war es eine der besten Ideen seit langem, was sich Ende der 70er-Jahre der Studienkreis für Tourismus in Starnberg als Aufgabe vorgenommen hatte. Kurze und leicht verständliche Magazine zum „Verstehen" der Kultur im Reiseland sollten es sein; dem Touristen in ferne Länder eine „Brille" mitgeben, durch die er das Denken und Tun der Menschen dort, ihre Religion, ihr Brauchtum oder ihre Speisegewohnheiten – ganz einfach ihren Alltag – mit „anderen Augen" sehen konnte.

Denn Verstehen setzt Wissen voraus. Deswegen z. B. der Rat eines tunesischen Fremdenführers: „Unsere Kinder sind überall. Aber man erweist ihnen einen schlechten Dienst, wenn man ihnen Geschenke macht, ohne dass sie sie verdient hätten. Eines Tages werden sie es für selbstverständlich halten, dass man ihnen gibt – ohne dass sie dafür etwas getan haben. Wenn Sie also von einer Horde Kinder umringt werden, geben Sie bitte keine Bonbons, kein Geld, auch keine Bleistifte." Je weniger man über andere Völker und Kulturen weiß, desto mehr betrachtet man alles nach deutschen oder europäischen Maßstä-

Sri Lanka – echt ätzend ...
Also ehrlich, Leute, ich bin froh, dass ich wieder heil zuhause bin. Dabei fing alles so ganz harmlos an. Ich hatte mir doch glatt dieses Jahr eingebildet, mit dem Motorrad durch Sri Lanka zu fahren. Ihr wisst schon, das ehemalige Ceylon. Kleine Insel vor Indien. Hab mir auch gleich ein Dutzend Reiseführer gekauft. Hübsche Insel mit friedlichen Menschen, stand da drin. Da habe ich mir gedacht, das ist genau das Richtige für dich.
Ich habe mir von hier aus ein Motorrad gemietet. Na, mit dem schlitzäugigen Vermieter habe ich mich erst einmal ordentlich gestritten. Wohnt in der Dritten Welt und will mir erklären, wie man ein Motorrad bedient! Bin also gleich durchgestartet, und was soll ich euch sagen: lauter Irre auf der Straße. Die fahren alle glatt auf der falschen Straßenseite und kommen mir entgegen. Wirklich, zuerst wollte ich ganz friedlich mit ihnen diskutieren, dass sie auf dem falschen Dampfer sind, aber die haben mich nur ausgelacht. Was kann man auch von Analphabeten anderes erwarten! Nach meinem bewährten Motto „Der Klügere gibt nach" bin ich dann auch links gefahren.
Straßen hat's da, echt zum Heulen. Viel zu schmal, viel zu kaputt und viel zu sandig. Und das Chaos drauf erst. Bürgersteige kennen die hier wohl nicht. Und ihr ganzes Viehzeug lassen die auch einfach auf der Fahrbahn rumwandern. Ich war richtig froh, als ich die Stadt verlassen hatte. Zum Glück erreichte ich bald mein erstes Hotel. Das Zimmer hat Klimaanlage und es gibt echt deutsches Bier.

ben; zwar oft unbewusst, aber dennoch nicht unvoreingenommen.
Das Urteil, das entsteht, ist ein Vorurteil. Und Vorurteile verstellen den Blick, gerade weil man meint alles schon verstanden zu haben.

Unsere eine Welt

Aus der Sicht der anderen ...
„Wie hat ihnen ihre Studienzeit in Deutschland gefallen?", frage ich den jungen peruanischen Diplomingenieur auf dem Rückflug in seine Heimat.
„Ich habe in Deutschland viel gelernt und es hat mir eigentlich gut gefallen. Oft war es aber lästig, wie ein Primitivling behandelt zu werden. Viele Leute meinen, dass man als Ausländer automatisch ungebildet ist ... ganz am Anfang wollte mir sogar jemand zeigen, wie man aufs Klo geht. Der hat angenommen, dass wir „Wilden vom Urwald" noch keine Toilette kennen".
„Und wie sieht der Peruaner nun die Deutschen?"
„Ich glaube, dass unser Bild von den Deutschen bisher in erster Linie durch Pressenotizen und Fernsehberichte geprägt wird ... Wir haben wohl das Vorurteil, dass alle Deutschen wie die Preußen sind: überpünktlich, überkorrekt, von allem ein bisschen zu viel ... Ich weiß, dass in Deutschland das Bild von dem faulen Ausländer weit verbreitet ist. Das stimmt gar nicht. Bei uns gibt es beispielsweise keinen Acht-Stunden-Arbeitstag. Die meisten Leute arbeiten mehr, weil sie bei den niedrigen Löhnen ihre Familie sonst nicht ernähren könnten.
Aber für die Peruaner ist eben Arbeit nicht alles im Leben. Wir wünschen uns gerade so viel Arbeit, dass wir immer genügend Zeit, Geld und Energie haben, um mit Freunden und Nachbarn zusammenzusitzen und zu feiern ..."

4

5

1 a) Die Aussagen von Text (2) formulieren einen Sachverhalt absichtlich übertrieben einseitig. Gerade dadurch kann seine Aussage aber bewusst gemacht werden. Um was geht es?
b) Kennst du eigene Beispiele?
2 Beschreibe die Aussage der Karikatur.
3 Wenn du in die Situation kämest, die Kultur eines Landes zu verstehen, welche Schritte solltest du unternehmen?
4 Was bringt es, wenn du dich als Deutscher z. B. mit dem Islam beschäftigst? Sprecht darüber.

TERRA Orientieren und Üben

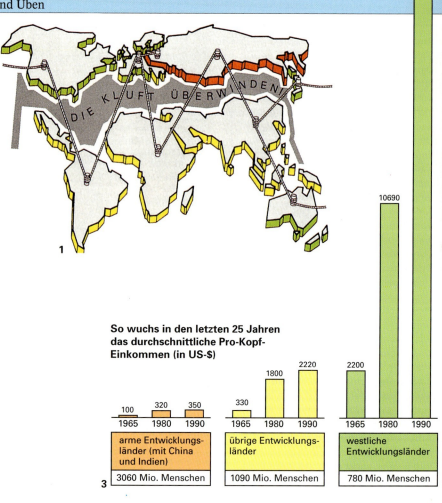

So wuchs in den letzten 25 Jahren das durchschnittliche Pro-Kopf-Einkommen (in US-$)

3

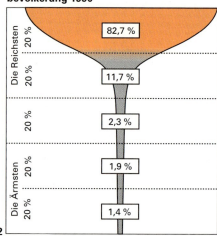

Verteilung des Einkommens auf die Weltbevölkerung 1990

2

Global denken …

1 Arbeite mit Karte (1), Grafik (3) und den Strukturdaten im vorderen Einband:
a) Vergleiche Karte und Grafik und beschreibe die Entwicklung.
b) Suche zu jeder der drei Ländergruppen vier Staaten aus. Fertige mit Hilfe der Strukturdaten eine Übersicht an.
c) Ermittle je Kontinent die drei Staaten mit der höchsten bzw. mit der niedrigsten Wirtschaftsleistung. Erstelle dazu eine Übersicht.

2 Erläutere Grafik (2).

3 Dauerhafte Entwicklung oder „sustainable development" (4)? Beschreibe Ziele für Industrie- und Entwicklungsländer.

4 Abbildung (8) zeigt die Signets bedeutender Weltkonferenzen. Beschreibe mögliche Aufgaben und Ziele.

Unsere eine Welt

Dauerhafte Entwicklung („sustainable development")

Industrieländer
Verbrauchsniveau senken

Schadstoffe — Rohstoffe — Energie

Entwicklungsländer
Verbrauchsniveau ökologisch-verträglich steigern

Neue Industrien aufbauen — Landwirtschaft entwickeln — Wälder und Natur schützen

Zerstörungen einstellen

Atomenergie — FCKW — Giftmüll

Ziel: Neuer Lebensstil

Entwicklung vorantreiben

Armut bekämpfen — Bevölkerungswachstum stoppen

Ziel: Befriedigung der Grundbedürfnisse

4

World Summit for Social Development

8

Richard von Weizsäcker sagte 1986:
„Die eine Welt, in der wir miteinander leben, kann keinen Frieden finden, wenn sie dauerhaft in Arm und Reich gespalten bleibt. Wir können und wollen es nicht hinnehmen, dass einerseits noch nie so viele Menschen im Wohlstand, andererseits auch noch nie so viele Menschen in Elend und Hunger gelebt haben, dass die einen Güter in Fülle besitzen und die anderen nicht genug haben zum Leben. Diesen unerträglichen Zustand müssen wir durch gemeinsame Anstrengungen ändern."

5

... lokal handeln

5 Arbeite mit Grafik (7):
a) Beschreibe, was für dich die Erfüllung von Grundbedürfnissen bedeutet.
b) Versetze dich in die Lage eines Flüchtlings aus Ruanda. Beschreibe ebenfalls.

6 Beschreibe Abbildung (6) und ersetze die Fragezeichen durch eigene Vorschläge.

7 Dauerhafte Entwicklung (4): Was bedeutet dies für dich? Gib dafür Beispiele.

8 Erläutere Zitat (5) aus deiner Sicht.

6

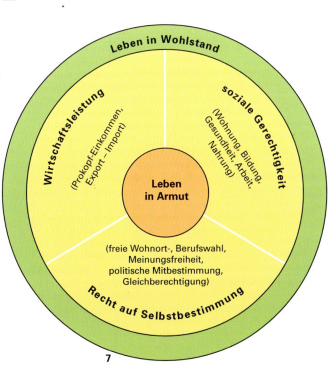

7

111

Anhang

Klimatabellen

		J	F	M	A	M	J	J	A	S	O	N	D	Jahr
EUROPA														
Archangelsk, 64°N/40°O, 4 m	°C	−13	−12	−8	−1	6	12	16	13	8	1	−5	−10	−1
Russland	mm	33	28	28	28	39	59	63	57	66	55	44	39	539
Athen, 37°N/23°O, 105 m	°C	9	10	11	15	19	23	27	26	23	19	14	11	17
Griechenland	mm	54	46	33	23	20	14	8	14	18	36	79	64	406
Berlin, 52°N/13°O, 57 m	°C	−1	0	3	8	13	16	18	17	14	8	4	1	8
Deutschland	mm	49	33	37	42	49	58	80	57	48	43	42	49	587
Bordeaux, 44°N/1°W, 47 m	°C	5	6	9	12	15	18	20	19	17	13	8	6	12
Frankreich	mm	90	75	63	48	61	65	56	70	84	83	96	109	900
Brest, 48°N/5°W, 98 m	°C	6	6	8	9	12	14	16	16	15	12	9	7	11
Frankreich	mm	133	96	83	69	68	56	62	80	87	104	138	150	1126
Brocken, 52°N/11°O, 1142 m	°C	−5	−5	−2	1	6	9	11	11	8	4	0	−3	3
Deutschland	mm	158	126	94	105	96	115	143	117	105	122	115	126	1422
Dresden, 51°N/13°O, 246 m	°C	−1	−1	3	8	13	16	18	18	14	9	4	0	9
Deutschland	mm	38	36	37	46	63	68	109	72	48	52	42	37	648
Hamburg, 53°N/10°O, 29 m	°C	0	1	4	8	12	15	17	16	14	9	4	2	9
Deutschland	mm	59	48	49	52	54	66	85	87	61	65	53	61	740
London, 51°N/1°W, 36 m	°C	3	4	6	9	12	16	17	17	14	10	6	4	10
Großbritannien	mm	50	37	38	40	48	52	62	58	55	70	56	48	614
Madrid, 40°N/4°W, 667 m	°C	5	6	9	11	16	20	23	24	19	13	8	5	13
Spanien	mm	25	46	37	35	40	34	7	5	35	46	57	43	410
Moskau, 55°N/37°O, 144 m	°C	−10	−8	−4	4	13	16	19	17	11	4	−2	−7	4
Russland	mm	28	23	31	38	48	51	71	74	56	36	41	38	535
München, 48°N/11°O, 518 m	°C	−2	−1	3	7	12	15	17	16	13	7	3	−1	7
Deutschland	mm	51	38	50	77	93	117	128	102	89	57	47	55	904
Paris, 48°N/2°O, 50 m	°C	2	4	6	10	13	17	18	18	15	10	6	3	10
Frankreich	mm	35	36	39	41	49	56	50	48	49	58	47	44	560
Rom, 42°N/12°O, 46 m	°C	7	8	12	14	18	23	26	26	22	18	13	9	16
Italien	mm	74	87	79	62	57	38	6	23	66	123	121	92	828
Tampere, 61°N/24°O, 84 m	°C	−8	−8	−4	3	9	14	17	16	11	5	0	−4	4
Finnland	mm	38	30	25	35	42	48	76	75	57	57	49	41	573
Wolgograd, 48°N/44°O, 42 m	°C	−10	−9	−3	8	17	21	24	23	16	8	0	−6	7
Russland	mm	23	20	18	19	27	40	33	23	27	23	34	31	318
Zugspitze, 47°N/10°O, 2962 m	°C	−11	−11	−10	−7	−3	0	2	2	0	−4	−7	−10	−5
Deutschland	mm	115	112	136	195	234	317	344	310	242	135	111	139	2390
MITTEL-/SÜDAMERIKA														
Belém, 1°S/48°W, 10 m	°C	26	25	25	26	26	26	26	26	26	26	26	26	26
Brasilien	mm	193	339	431	453	300	230	59	72	15	12	16	67	2277
Buenos Aires, 35°S/58°W, 25 m	°C	23	23	20	16	13	10	9	11	13	16	19	22	16
Argentinien	mm	78	71	98	122	71	52	54	56	74	85	101	102	962
Habana, 23°N/82°W, 19 m	°C	22	22	23	24	26	27	28	28	27	26	24	23	25
Kuba	mm	76	38	43	43	130	142	109	109	127	178	81	61	1143
La Paz, 16°S/68°W, 3570 m	°C	11	11	11	10	9	7	7	8	9	11	12	11	9
Bolivien	mm	114	107	66	33	13	8	10	13	28	41	48	91	574
Lima, 12°S/77°W, 158 m	°C	23	24	23	21	19	17	16	16	16	17	19	21	19
Peru	mm	0	0	1	1	2	6	9	10	10	5	3	1	48
Manáus, 3°S/60°W, 44 m	°C	26	26	26	26	26	26	27	27	28	28	27	27	27
Brasilien (mittlerer Amazonas)	mm	266	247	269	267	194	100	64	38	60	124	152	216	1997

Anhang

		J	F	M	A	M	J	J	A	S	O	N	D	Jahr
Puerto Santa Cruz, 50°S/69°W, 12 m	°C	14	14	12	9	5	2	2	4	6	10	12	14	9
Argentinien	mm	21	16	20	17	25	18	16	15	12	7	15	18	200
Punta Arenãs, 53°S/71°W, 8 m	°C	12	11	9	7	4	3	2	3	5	7	9	10	7
Chile (Feuerland)	mm	33	29	45	46	50	40	41	38	33	26	32	34	447
Rio de Janeiro, 23°S/43°W, 30 m	°C	25	26	24	24	22	21	20	21	21	22	23	22	23
Brasilien	mm	157	125	134	102	63	56	51	40	63	80	92	130	1093
Santa Fé de Bogotá, 5°N/74°W, 2556 m	°C	13	13	14	14	14	13	13	13	13	13	13	13	13
Kolumbien	mm	51	50	69	100	105	57	47	41	52	144	138	85	939
Santiago, 33°S/71°W, 520 m	°C	20	19	17	14	11	8	8	9	12	14	17	19	14
Chile	mm	2	3	4	14	62	85	76	57	29	15	6	4	361
Valdivia, 40°S/73°W, C9 m	°C	17	16	15	12	10	8	8	8	9	12	13	15	12
Chile	mm	65	69	115	212	377	414	374	301	214	119	122	107	2489
AFRIKA														
Addis Abeba, 9°N/39°O, 2450 m	°C	16	16	18	18	18	17	15	15	16	16	15	16	16
Äthiopien	mm	13	38	66	86	86	135	279	300	191	20	15	5	1237
Agades, 17°N/8°W, 520 m	°C	20	23	27	31	33	33	31	30	31	29	24	21	28
Niger	mm	0	0	0	1	6	8	49	78	20	1	0	0	164
Algier, 37°N/3°O, 59 m	°C	12	13	15	16	20	23	26	27	25	21	17	14	18
Algerien	mm	110	83	74	41	46	17	2	4	42	80	128	135	762
Assuan, 24°N/32°O, 111 m	°C	16	17	21	26	31	33	33	33	31	28	23	17	26
Ägypten	mm	0	0	0	0	2	0	0	0	0	1	0	0	3
Dakar, 15°N/17°W, 23 m	°C	21	21	22	22	24	27	28	28	28	28	26	23	25
Senegal	mm	1	1	1	1	1	17	88	254	132	38	2	8	540
Duala, 4°N/9°O, 11 m	°C	27	27	27	27	26	25	24	24	25	25	26	26	26
Kamerun	mm	57	82	216	243	337	486	725	776	638	388	150	52	4150
El Obeid, 13°N/30°O, 568 m	°C	19	22	24	28	30	29	27	26	27	27	24	21	26
Sudan	mm	0	0	0	0	18	38	97	117	76	15	0	0	361
Enugu, 6°N/7°O, 233 m	°C	26	28	29	28	27	26	26	26	26	26	27	26	27
Nigeria	mm	19	15	81	209	195	166	182	190	182	246	53	23	1661
In Salah, 27°N/2°O, 273 m	°C	13	15	20	24	30	34	37	36	33	27	20	14	25
Algerien	mm	3	2	0	0	0	0	0	1	0	4	3	0	13
Kairo, 30°N/31°O, 33 m	°C	12	13	16	20	24	27	27	27	25	22	18	14	21
Ägypten	mm	5	5	5	3	3	0	0	0	0	3	3	5	28
Kapstadt, 34°S/18°O, 12 m	°C	22	22	21	18	16	14	13	13	14	17	19	21	17
Rep. Südafrika	mm	18	15	23	48	94	112	91	84	58	41	28	20	627
Kisangani, 1°N/25°O, 460 m	°C	26	26	26	26	26	25	25	25	25	25	25	25	25
Zaire	mm	95	115	152	181	167	115	100	186	174	228	177	114	1804
Nairobi, 1°S/37°O, 1798 m	°C	18	19	19	18	17	16	15	15	17	18	17	17	17
Kenia	mm	88	70	96	155	189	29	17	20	34	64	189	115	1086
Niamey, 14°N/2°O, 223 m	°C	25	27	31	34	33	31	28	27	28	30	28	25	29
Niger	mm	0	0	3	6	38	71	139	201	94	14	1	0	567
Ouagadougou, 12°N/2°W, 316 m	°C	25	28	31	33	31	29	27	26	27	29	28	26	28
Burkina Faso	mm	0	3	8	19	84	118	193	265	153	37	2	0	887
Sinder, 14°N/9°O, 506 m	°C	22	25	29	33	34	32	28	27	29	31	27	24	28
Niger	mm	0	0	0	3	27	55	153	232	71	7	0	0	549
Timbuktu, 19°N/3°W, 299 m	°C	21	23	28	31	34	34	32	30	31	31	27	22	29
Mali	mm	0	0	1	1	4	21	66	78	34	3	0	0	208
Wesso, 2°N/16°W, 340 m	°C	26	26	27	27	27	26	25	25	25	26	26	25	26
Kongo	mm	55	100	171	112	159	135	64	137	203	239	166	81	1622

Anhang

		J	F	M	A	M	J	J	A	S	O	N	D	Jahr
ASIEN														
Ankara, 40°N/33°O, 861 m	°C	0	1	5	11	16	19	23	23	18	14	8	2	12
Türkei	mm	33	30	33	33	48	25	13	10	18	23	30	48	344
Beijing (Peking), 40°N/116°O, 38 m	°C	−4	−2	6	13	21	24	27	25	21	13	4	−2	12
China	mm	4	5	8	17	35	78	243	141	58	16	11	3	619
Bombay, 19°N/73°O, 10 m	°C	24	25	26	29	30	29	28	27	27	28	27	25	27
Indien	mm	2	1	0	3	16	520	709	419	297	88	21	2	2078
Colombo, 7°N/80°O, 7 m	°C	26	26	27	28	28	27	27	27	27	27	26	26	27
Sri Lanka	mm	89	69	147	231	371	224	135	109	160	348	315	147	2345
Er Riad, 25°N/47°O, 591 m	°C	14	16	21	25	30	33	34	33	31	25	21	15	25
Saudi-Arabien	mm	3	20	23	25	10	2	0	2	0	0	2	2	89
Guangzhou, 23°N/113°O, 18 m	°C	14	14	17	22	26	27	29	28	27	24	20	16	22
China	mm	27	65	101	185	256	292	264	249	149	49	51	34	1722
Irkutsk, 52°N/105°O, 459 m	°C	−21	−19	−10	1	8	15	18	15	8	0	−11	−19	−1
Russland	mm	12	8	9	15	29	83	102	99	49	20	17	15	458
Jakarta, 6°S/107°O, 8 m	°C	25	25	26	26	26	26	26	26	26	26	26	26	26
Indonesien	mm	270	241	175	131	139	105	72	65	146	169	183	185	1881
Kalkutta, 23°N/88°O, 10 m	°C	20	23	27	31	31	30	29	29	29	28	24	20	27
Indien	mm	11	12	22	35	82	250	322	288	304	132	16	3	1477
Lhasa, 30°N/91°O, 3227 m	°C	0	1	6	9	13	17	16	16	15	9	4	1	9
China	mm	0	3	8	5	130	160	655	452	183	8	0	0	1604
Manila, 15°N/121°O, 14 m	°C	26	26	27	28	29	28	27	27	27	27	26	26	27
Philippinen	mm	15	15	13	20	196	312	495	610	340	196	180	53	2446
Petropawslowsk, 53°N/159°O, 32 m	°C	−8	−9	−5	−1	4	9	13	14	10	5	−2	−6	2
Russland	mm	111	88	174	107	76	58	73	106	102	143	182	115	1335
Poona, 19°N/74°O, 559 m	°C	21	22	26	29	30	28	25	25	29	25	22	20	25
Indien	mm	2	2	2	15	28	114	168	89	135	89	28	3	675
Sapporo, 43°N/141°O, 17 m	°C	−6	−5	−1	6	11	16	20	22	17	10	4	−3	8
Japan	mm	111	83	67	66	59	67	100	107	145	113	112	104	1134
Shanghai, 31°N/121°O, 7 m	°C	3	4	8	13	19	23	27	27	23	17	12	6	15
China	mm	48	58	84	94	94	180	147	142	130	71	51	36	1135
Taschkent, 41°N/69°O, 479 m	°C	−1	2	8	15	20	25	27	26	20	13	7	2	14
Usbekistan	mm	49	51	81	58	32	12	4	3	3	23	44	57	417
Teheran, 36°N/51°O, 1220 m	°C	2	5	9	16	21	26	30	29	25	18	12	6	17
Iran	mm	46	38	46	36	13	3	3	3	3	8	20	30	246
Tokyo, 36°N/140°O, 6 m	°C	4	4	7	13	17	20	24	26	22	16	11	6	14
Japan	mm	56	66	112	132	152	163	140	163	226	191	104	56	1561
Werchojansk, 68°N/133°O, 99 m	°C	−50	−45	−30	−13	2	12	15	11	2	−14	−37	−47	−16
Russland	mm	4	3	3	4	7	22	27	26	13	8	7	4	128
ANTARKTIS/ARKTIS														
Mac Murdo, 78°S/167°O, 45 m	°C	−3	−9	−18	−23	−23	−25	−27	−29	−23	−20	−10	−4	−16
US-Station (Antarktis)	mm	11	4	6	6	13	5	5	11	12	8	6	7	94
Nord, 82°N/17°W, 25 m	°C	−30	−30	−33	−23	−11	0	4	2	−8	−18	−24	−26	−16
Grönland (Dänemark)	mm	23	20	8	5	3	5	12	19	21	16	35	37	204
Nordpol, 70°N/84°N, 0 m	°C	−30	−36	−35	−25	−10	−1	0	−2	−8	−17	−25	−27	−18
Arktis 176°O/149°W, 0 m	mm	8	7	2	2	3	10	11	2	16	11	8	10	90
Südpol, 90°S, 2800 m,	°C	−29	−40	−54	−59	−57	−57	−59	−59	−59	−51	−39	−28	−49
US-Station	mm	keine Angaben												

Sachverzeichnis

Agrarland 14
Analphabeten 29, **78**
Arbeitslosigkeit 81
Armut 40, 44, 46, 82, 84, 98, 111

Bevölkerungspyramide 35
Bevölkerungswachstum 34, 58, **59**, 98, 105
Bewässerung 12, 13, 46, 61
Bewässerungskanal 38
Bewässerungsprojekt 50
Bodenerosion 63
Bodenreform 46, 64
Bodenschatz 18, 19, 20
Bodenversalzung 25

Dammuferfluss 63
Dauerfrostboden 12, 23
Diskriminierung 42
Dorfentwicklungsprogramm 46
Dritte Welt 76, 78, 104, 105, 108

Ein-Kind-Familie 58, 59
Entwicklungsland 76, 78, 81, 82, 104, 110
Entwicklungszusammenarbeit 50
Erdgas 19, 23
Erdöl 19, 23
Erste Welt 104
Export 49, 92, 95, 96

Familienplanung 34, 53
Frauen, Frauengruppen 8, 34, 35, 42, 43, **53**, 78, 100
Fünfjahresplan 14, 20, 48, 66

Geburtenbeschränkung 34
Geburtenrate 34
Genossenschaft 16, 64, 65
Genrevolution 47
Gesundheitshelferin 76
Globalisierung 94, 96
Großbetrieb 48
Großfamilie 31, 36
Großgrundbesitzer 37, 39, 4 4
Großlandschaft 12
Großprojekt 50, 52, 66

Grundbedürfnis 8, **53**, 82
Grundbildung 79
Grüne Revolution 46

Hinduismus 32, 36
Hochlohnland 97
Hunger 38, 44, 46, 72, **74**, 111

Image 88
Industrialisierung 20, 48, 98
Industrie 14, 25, 48, 66, 96
Industrieland 14, 82, 104, 105, 111
Industriezweig 14, 49, 96, 97
informeller Sektor 43, **81**
internationale Zusammenarbeit 92
Internationalisierung 94, 95, 97

Jointventure 67, 96

Kältepol 12
Kastensystem 32
Kinderarbeit 44, 45, **79**, 84
Kleinbauer 36, 44, 46, 47
Kleinindustrie 48
Kleinprojekt 50, 52
Klima 12, 23, 61
Klimazone 12
Kolchos 16, 17
Kollektivierung 64, 65
Kombinat 20
Kommunismus 6, 7, 9, 14
Kontinentalklima 12
Kulturen 6, 7, 29, 106, 108

Landarbeiter 37, 44, 46 ,47
Landbesitzverteilung 37
Landschaftsschaden 23
Landwirtschaft 14, 16, 25, 48, 64, 66, 98
Lebensbedingung 7, 9, 40, 52
Lebenserwartung 35, **76**
Löss 62, 63

Mangelernährung 74
Marktwirtschaft 14, **15**, 21, 67
Megastadt 40
Menschenrechte 8, 51
Minderheit 10
Monsun 38

Nationalitätenkonflikt 10
Niedriglohnland 97

ökologische Krisenregion 25

Pächter 37, 47
Planwirtschaft 14, 15, 49, 66
Privatisierung 17
Produktionsgenossenschaft 16, 17, 64

Reform 9, 15, 48
Reichtum 29, 82
Religion 32, 33
Rohstoff 21, 73, 92

Schadstoffbelastung 22, 25
Schuldknechtschaft 44, 46
Schwarzerdeboden 13, 61
Schwellenland 95, 104
Schwerindustrie 14, 20, 66
Selbstbestimmung 10, 85, 111
Selbsthilfe 52, **53**
Slum 40
Sommermonsun 38, 39, 50
Sowchos 16, 17
Sowjet 6
soziale Gerechtigkeit 84, 85, 111
Sozialismus 6
Staudamm 38, 50
Sterberate 34

Taiga 22, 23
Territorialer Produktionskomplex 20, 21
Treibhauseffekt 22

Überbevölkerung 40
Überschwemmung 38
Umwelt 23, 34, 43, 72, 85, 90, 98, 101
Umweltproblem 25, 100
Ungleichheit 6, 72, 82
Unterernährung 74, 78

Vernetzung 98, 100
Völkerfamilie 87
Volkskommune 64, 66
Vorurteil 89, 108

Weltbevölkerungskonferenz 100, 101
Weltbild 102
Weltbürger 90
Weltkonferenz 100, 101
Wettbewerbsfähigkeit 97
Wintermonsun 38, 39
Wohlstand 9, 73, 85, 111

Zentralgewalt 7, 10
Zentralismus 6
Zentralverwaltungswirtschaft 14, 20
Zivilisation 98, 102
Zusammenleben der Völker 92
Zweite Welt 104

Bildnachweis

Titelseite :
Auscape International, Strawberry Hills, Australien
Bossemeyer, Bilderberg, Hamburg
Kunitsch, Münster
Lazi, Stuttgart
Mangold, Ottobrunn
Müller-Moewes, Königswinter
Superbild, München

APN, Köln: 18.1
Associated Press, Frankfurt/Main: 68.1
B+G, Karlsruhe: 44.1 (Dix)
Bauer, Hamburg: 20.1
Bavaria, Gauting: 85.6 (Stock-Star)
Bender, Köln: 67.3, 68.2
Bhasin, New Delhi: 55.6
Bildarchiv Preußischer Kulturbesitz, Berlin: 74.1
Bohle, Freiburg: 37.5
Bundesministerium für Forschung und Technologie, Bonn: 91.7
Cooperation/Hayashi, Hongkong: 62.1
Das Fotoarchiv, Essen: 72 (Eisermann)
Deltgen, Köln: 78.1
Denecken, Starnberg: 109.5
Deuringer, Neusäß: 9.3, 10.1
dpa, Frankfurt/Main: 5.2 (ADN), 7.3 (Lehitkuva Oy), 8.1 (Agence France), 17.3 (Tass)
edition aragon - Verlag Willi Klauke, Moers: 103.4
Enkelmann, Filderstadt: 45.7, 46.1
Focus, Hamburg: 29.6 (Barbey/Magnum), 38.1 (Mc Curry/Magnum), 39.4 (Mc Curry/Magnum), 39.6, 45.6 (Mc Curry/Magnum), 48.1 (Metha), 85.5 (Mayer/Magnum)
Frantzok, Leinfelden: 36.4
Gartung, Freiburg: 85.9
Geiger, Sonthofen: 71.3, 71.5
Geisen, Frankfurt/M.: 70.2
Gerster, Zumikon: 60.1
Globus Kartendienst, Hamburg: 11.3 (veränd.)
Hackenberg, Drensteinfurt: 34.1, 36.1, 36.3
Hoa-Qui, Paris: 34.3 (Boutin)
IFA, München: 64.2 (Everts), 65.4 (Aberham)
Image Bank, München: 56 (Sund)
Janicke, München: 5.3
Jürgens , Berlin: 6.1,12.1, 22.1, 27.6, 21.4
Klingwalls Geografiska Färgfotos, Eskilstuna:13.6
KNA, Frankfurt/Main: 79.6
Kommunalverband Ruhrgebiet, Essen: 86.1 (Ehrich,Düsseldorf)
Kraus, Wäschenbeuren: 32.2, 54.2
Kroß, Bochum: 80.1-4, 82.1, 83.3-5, 84.4, 85.8, 92.1
Laif, Köln: 50.1 (Krause)
Mauritius, Stuttgart: 88.1 (Thonig), 88.2 (Vidler), 88.3 (Otto), 88.4 (Schwarz) 90.3 (ACE)
Museo Civico "L. Bailo", Treviso: 90.2
National Geografic Image Collection, Washington: 29.3 (Raymer)
New Internationalist: 34.4
Obermann, Ettlingen: 26.2
Rausch, Frickenhausen: 84.2
Rother, Schwäbisch Gmünd: 28.2, 29.5+7, 30.1-3, 31.5, 32.1, 32.4-6, 40.1+3, 41.4, 42.2, 43.5, 46.2, 52.5, 53.10, 54.3+4, 55.11, 57m, 58.2, 59.6, 61.5, 106/107
Scherz Verlag, Bern: 90.1
Schuler, Göppingen: 94.3, 95.4
Seidel, München: 44.4
Studienkreis für Tourismus e.V., Starnberg: 108
Studio X, Limours: 57o (Gamma)
Sysojew/DuMont, Köln: 14.1 (Moskau News, Nr. 12, 1988)
Unicef, New York: 76.1 (Black)
Unicef, Zürich: 86.2
Volkswagen AG, Wolfsburg: 69.6
Wostok, Köln: 9.2 (Nowosti), 9.4 (RIA-Nowosti), 14.3 (Franke), 15.4 (Franke)
Yamamoto, Osaka: 24.1
ZEFA, Düsseldorf: 57 u (Spichtingen), 73 (Happ)

Kartengrundlagen

103.3: Geografia as grandes paisagens brasileiras, série 6 a, Instituto Brasileiro de Edições Pedagógicas, São Paulo, Brasilien, S. 5

Quellennachweis

15.5: Süddeutsche Zeitung vom 27. 3. 1993

17.2: nach: Reiner Klingholz: Konkurs in der Kolchose. In: Geo 10/1991, S. 110

17.4: nach: M. Huber: Pioniere von der Kolchos AG. In: Die Zeit vom 27. 11. 1992

29.4: Brief von Shireen Khanna, Übersetzer: Jürgen Mackevicius. In: How I see my country. Hrsg: Hartmut Haubrich, Freiburg 1987, S. 56ff

30.4: nach: Karl Etzold: Von Indern lernen. In: Indien verstehen. Sympathie-Magazin Nr. 12, Starnberg 1984, S. 17

31.6: nach: Gabriele Venzky: Wunder für wenige. In: Die Zeit Nr. 23 vom Februar 1996, S. 39

39.8: Gabriele Venzky. Aus: Tagesspiegel vom 5. 6. 1992

42.1: Misereor Arbeitshefte: Indien und Bangladesch. Aachen 1990, S. 20

42.3: aus: Indien – Zahlen, Fakten, Meinungen. Würzburg 1995, S. 6.2

42.4: Misereor Arbeitshefte: Nicht länger ohne uns. Aachen 1989

43.11: nach: Gabriele Venzky: Die Unsichtbaren sichtbar machen. In: Das Parlament, 43. Jahrgang, Nr. 8-9, Bonn 19./26. Februar 1993, S. 16

44.2: Werkstatt Ökonomie, Heidelberg, Juni 1994

44.3: Indische Verfassung, Artikel 24

45.5: Bericht der Kinderrechtskonvention

47.7: nach: Erhard Haubold: Reicht der Reis für immer mehr Menschen? Aus: Frankfurter Allgemeine Zeitung vom 28. 1. 1995

50.3: Gabriele Venzky: Der Wut-Pegel steigt. Aus Greenpeace Magazin Nr. 3/1993, S. 48

51.4: nach: Gabriele Venzky: Eine Frau gegen die Fluten. Aus: Die Zeit vom 26. 11. 1993

52.7: nach: Geo Spezial Indien, Nr. 4/1993, S. 82; Gruner + Jahr, Hamburg

53.9: nach: Erika Friese: Annapurnas selbstbewusste Töchter. In: Indien verstehen. Sympathie-Magazin 12, Starnberg 1984, S. 27f

55.7: nach einer Anzeige von Brot für die Welt. In: Brigitte 2/1996, S. 193

55.8: nach: Wolf Engelhardt: Alltag in Indien. In: Geographie heute Nr. 108, März 1993, S. 5

55.9: nach: Ursula Gillmann: Indien ist mitten unter uns. In: Indien – eine Länderinformation der Kindernothilfe. Duisburg 1991, S. 13

55.10: Süd/Nord - Konflikt Band 8, Lamuv - Verlag, Göttingen

58.3: Chinas verbotene Kinder. In: Zeitmagazin 39/1984, S. 15/16

59.5: nach: Fritz Vorholz: Fluch der großen Zahl. In: Die Zeit vom 17. 6. 1994, S. 33

62.2: nach: Wolfgang Hassenpflug: Wenn der Gelbe Fluss klar fließt. In: Geographie heute, H. 4, Seelze: Friedrich 1981, S. 46

64 li: nach: Bauer Li isst besser. Kletts Erdkundliche Quellenhefte, H. 3, S. 59ff. Die Ostfeste, Stuttgart 1966

64 re: K. W. Grünewälder: Reisenotizen 1978

65 li: nach: Ximen Insha: Die Reform geht zügig voran – Erlebnis auf dem Land im Kreis Jiading. In: China im Aufbau Nr. 9, 1986

65.3: Der Spiegel Nr. 13, 1982

78.2: Süddeutsche Zeitung, 2. 5. 1990, S. 14

81.6: nach: Frankfurter Allgemeine Zeitung, 2. 12. 1991, S. 10

84.1: Süddeutsche Zeitung vom 3. 5. 1993

89.5: Peter Frieben. In: ADAC-Motorwelt, 10/1987, S. 99
90.4: Süddeutsche Zeitung vom 20. 4. 1993
96.7: Frankfurter Allgemeine Zeitung vom 24. 2. 1995, S. 25
97.10: Manager-Magazin 7/1995
101.4: Rio Weltkonferenz Umwelt und Entwicklung 1992 (Auszug)
108.2: C. Philipp: Drama im Dschungel. In: Hast Du Dein Motorrad heute schon umarmt? München 1984, S. 25 (gekürzt und verändert)
109.3: Harald Denecken: In: Peru verstehen. Sympathie-Magazin 17, S. 46/47. Starnberg 1987
111.5: Richard von Weizsäcker: Reden und Interviews 2. Presse- und Informationsamt der Bundesregierung, Bonn 1986, S. 107/108